全民阅读·经典小丛书

［英］培根 ◎ 著

冯慧娟 ◎ 编

培根论说文集

吉林出版集团股份有限公司

图书在版编目（CIP）数据

培根论说文集 / (英) 培根著; 冯慧娟编. —长春：吉林出版集团股份有限公司，2015.6

（全民阅读.经典小丛书）

ISBN 978-7-5534-7780-0

Ⅰ.①培… Ⅱ.①培… ②冯… Ⅲ.①哲学理论－英国－中世纪－文集 Ⅳ.①B561.21-53

中国版本图书馆 CIP 数据核字 (2015) 第 128475 号

PEIGEN LUNSHUO WENJI

培根论说文集

作　　者：［英］培根　著　冯慧娟　编

出版策划：孙　昶

选题策划：冯子龙

责任编辑：郝秋月

排　　版：新华智品

出　　版：吉林出版集团股份有限公司
　　　　　（长春市福祉大路 5788 号，邮政编码：130118）

发　　行：吉林出版集团译文图书经营有限公司
　　　　　（http://shop34896900.taobao.com）

电　　话：总编办 0431-81629909　　营销部 0431-81629880 / 81629881

印　　刷：北京一鑫印务有限责任公司

开　　本：640mm × 940mm 1/16

印　　张：10

字　　数：130 千字

版　　次：2015 年 10 月第 1 版

印　　次：2019 年 6 月第 3 次印刷

书　　号：ISBN 978-7-5534-7780-0

定　　价：32.00 元

印装错误请与承印厂联系　电话：18611383393

弗朗西斯·培根（1561—1626），英国中世纪哲学家、文学家、政治家，也是现代实验科学的始祖。他出身于伦敦一个新贵族家庭，父亲是伊丽莎白女王的掌玺大臣，思想倾向进步；母亲安妮是一位颇有名气的才女，娴熟地掌握希腊文和拉丁文。良好的家庭教育使培根成熟较早，各方面都表现出异乎寻常的才智。12岁时，培根被送入剑桥大学三一学院深造。在校学习期间，他对传统的观念和信仰产生了怀疑，开始独自思考社会和人生的真谛。

1854年，培根当选为国会议员，此后历任宫廷要职，并在学术研究上取得了巨大的成果，出版了多部著作。他的代表性作品主要有《培根论说文集》《伟大的复兴》《学术的进展》《新工具论》等。

培根的第一本著作《培根论说文集》于1597年发表，文章涉及人类生活的方方面面，比如政治、经济、宗教、爱情、婚姻、友谊、艺术、教育和伦理等，并且包含着许多洞察秋毫的经验和发人深省的思考。

前言

FOREWORD

  《培根论说文集》全书文笔随意自然，言简意赅，智睿夺目，可以说是英国随笔文学的开山之作。作为一名学识渊博且通晓人情世故的哲学家和思想家，培根在书中将自己对社会的认识和思考，以及对人生的理解，浓缩成许多富有哲理的名言警句，受到广大读者的欢迎。

  数百年后，培根的其他著作几乎已经被人们遗忘，但《培根论说文集》却指引着一代又一代的有志青年走上正确的成才之路。

目录

C O N T E N T S

目录

C O N T E N T S

目录

C O N T E N T S

弗朗西斯·培根

弗朗西斯·培根（Francis Bacon），1561年1月22日出生于伦敦的一个官宦世家。父亲尼古拉·培根是伊丽莎白女王的掌玺大臣，曾在剑桥大学攻读法律，他思想倾向进步，信奉英国国教，反对罗马教皇干涉英国的内部事务。母亲安妮则是一位颇有名气的才女，对希腊文和拉丁文的运用熟练自如，是加尔文教派的信徒。培根小时候体弱多病，但却很爱读书，经常阅读超过自己年龄应读的高深书籍，再加上良好的家庭教育，使培根少年早熟，各方面都表现出超乎常人的才智。12岁时，培根进入剑桥大学三一学院深造。当时的剑桥受"经院哲学"的统治，不重视科学研究，而注重研究神学，用烦琐的方法来证明宗教教条。培根对此非常反感，对传统的观念和

培根像

信仰产生了怀疑，从而开始独立思考社会和人生的真谛。

生长于贵族之家的培根，从小就见识过了英国的朝廷和政治活动。据历史所载，伊丽莎白女王为了访问她的掌玺大臣，曾经不止一次驾临培根家在高阑城的别墅。在这座美丽堂皇的别墅里，在古老的橡树和榆树丛中，这位喜欢奉承之词的女王说不定也接受过年轻的培根献上的优美颂词，而女王在答复的时候也许因为见到他少年老成，因而戏称他为"朕的小掌玺大臣"，这些也都是见诸记载的。他关于身处高位的人该如何对待上级、下属和同僚的议论，不但中情中理，而且更是参透世情之作。

在剑桥大学学习三年后，1576年9月，培根作为英国驻法大使埃米阿斯·鲍莱爵士的随员来到了法国。这次旅行可说是他在外交事务上实际训练的开端。在旅居巴黎的两年半里，他几乎走遍了整个法国，接触到不少前所未见的新鲜事物，也汲取了许多新的思想，这对他世界观的形成起到了很大的作用。当时法国正在闹内乱，天主教同新教之间的斗争非常激烈。关于期间发生的许多残酷事件，培根后来在《论党派》一文中有所提及和讨论。1579年，培根的父亲突然病逝，培根的生活开始陷入贫困。在回国奔父丧之后，培根住进了葛莱法学院，一面攻读法律，一面四处谋求职位。1582年，他终于取得了律师资格，1584年当选为国会议员，1589年，成为法院出缺后的书记，然而这一职位竟长达20年之久没有出现空缺。他虽然曾向当时朝中的权贵，包括他的姨父伯莱公爵求官，而且以他父亲当初的政绩而论，这种请求也不能算冒昧，但是终未发生任何效力。此时，培根在思想上更为成熟了，他决心要把脱离实际、脱离自然的一切知识加以改革，把经验观察、事实依据、实践效果引入认识论。这一伟大抱负是他的科学的"伟大复兴"的主要目标，是他为之奋斗一生的志向。

鉴于培根父亲的名望，伊丽莎白女王竟对尼古拉·培根的儿子不理不睬，有人认为这简直不可思议。殊不知培根在做国会议员期间，曾因拥护民权，攻击朝廷，并且曾对增加赋税的提案表示反对，从而激怒了女王，所以对培根求官之事漠然置之或婉言拒绝。

于是培根决意不再向他的亲戚请求帮忙，转而投靠踌躇满志、深得民心的青年贵族埃塞克斯伯爵，成了他的顾问，而埃塞克斯伯爵也成了培根的捐助人。但是当埃塞克斯野心膨胀，阴谋发动推翻伊丽莎白女王的政变时，培根告诫他应该把忠实女王放在首位。尽管如此，埃塞克斯还是于1599年发动了政变，但却未遂。后来培根在对伯爵叛国罪的起诉中起到了积极的作用，最后埃塞克斯于1601年被斩首，这使许多人都对培根产生了恶感。培根写于1607年的《论友谊》一文中，有一段的开头有这么两句："世间有些人，他们的生活好像永远是在舞台上度过一样。这种生活对于别人是掩饰起来的，唯有自己可以明了。然而永远的掩饰是痛苦的，而一个只顾荣华，不顾天性的人可算是一个十足的奴才……"这段文字在1625年出版的《论说文集》中被删去了，有人认为这与埃塞克斯一案有关。

1603年，伊丽莎白女王去世，詹姆士一世继位。由于培根曾力主苏格兰与英格兰的合并，受到詹姆士的大力赞赏，因此平步青云，扶摇直上。1603年，培根受封为爵士，1604年被任命为詹姆士的顾问。在45岁的时候，培根娶了艾丽斯·巴南，一位市参事会参政员的女儿为妻。巴南女士带来的陪嫁相当丰富，这对于债台高筑的培根当然值得欢迎。婚礼颇为盛大，新郎和新娘的衣着也极其华丽。

婚后15年中，培根和夫人似乎过着很平静的生活。但是后来培根失势之后，他们感情破裂。

婚后13个月，即1607年，培根被任命为副检察长。在此后两三年时间，培根一直忙于调解英国国内的教派之争。当时国内主要的教派为国家教会派与清教派，双方争斗甚烈。1613年培根获任首席检察官，1616年任枢密院顾问，1617年提升为掌玺大臣，1618年晋升为英格兰的大陆官，受封为维鲁兰男爵，1621年又授封为奥尔本斯子爵。这一时期，虽然政务繁忙，但培根却始终没有放弃写作，而且在学术研究上也取得了巨大的成果，出版了多部著作。

1621年，培根被国会指控在担任大法官期间当众受贿。当时，许多高级政客因受贿而被捕时，他们往往为自己辩护，声称其他人也都在受贿。如果认真对待这种辩护，那就意味着受贿的政客会逍遥法外。培根服罪的话却与众不同："我是这五十年来英国最正义的法官，但给我的定罪却是这两百年来议会所做的最正义的谴责"。最后培根被高级法庭判处罚金四万磅，监禁于伦敦塔内，终生逐出宫廷，不得任议员和官职。虽然后来罚金和监禁皆被豁免，但培根却因此而身败名裂。在培根那个年代，法律界的道德颇有些废弛堕落，几乎每个法官都会接受贿赂，而且通常控辩双方的馈赠都照单全收。在今人看来，法官公开受贿已经够大胆了，而如果受贿后再做出对行贿人不利的判决，那无疑更是骇人听闻。然而在那个时代，馈赠属于惯例，法官是凭不受赠礼影响来表现"美德"的。培根获罪本是一场党派纷争中的风波，并不是因为他罪大恶极。他虽不是一个德操出众的人，但是他也并不是大奸大恶，在道德方面，他只是一个普通人，和同时代的大多数人比起来不优不劣。

1626年3月底，培根坐车经过伦敦北郊。当时他正在潜心研究冷热理论及其实际应用问题。当路过一片雪地时，他突然想做个实验，他宰了一只鸡，把雪填进鸡肚子里，以观察冷冻对于防腐的作用。但由于他身体孱弱，经受不住风寒的侵袭，导致支气管炎复发，病情恶化，于1626年4月9日清晨病逝。

培根的主要建树在哲学方面。以知识论作为自己哲学的中心问题，自称"以天下全部学问为己任"，企图"将全部科学、技术和人类的一切知识全面重建"，并为此计划写一套大书，总名《伟大的复兴》，虽然只完成第一、第二两部分，但已造成重大影响。例如他在用拉丁文写的《新工具》（1620）一书中提出的"四假象说"，有力地揭露了中古经院哲学的主观、片面、语词混乱和盲目崇拜传统权威等弊病，为英国经验论哲学的兴起扫除障碍。他坚定相信人类的能力，认为只要人们认识自己的力量，并愿意尝试和发挥这种力量，就可以获得比以往更多的东西。在人和自然的关系上，既强调人必须服从自然规律，又强调人的作为，人是自然的主人。他认为人类命令、驾驭、征服自然的力量源于对自然规律的认识；知识就是对规律的认识。只要掌握了自然规律，人类就可以在认识上获得真理，在行动上得到自由。他强调通过实验去揭示自然界的规律，从而获得知识，并提出了"知识就是力量"的著名口号。因此马克思称他为"整个现代实验科学的真正始祖"。

此外，培根还写了历史著作《亨利七世史》、幻想游记《新大西岛》和58篇短文组成的《论说文集》。

《论说文集》是培根在文学方面的主要著作，初版于1597年，最初只包含10篇极短的摘记式文章；经过1612年、1625年两次增补扩充，才收入短文58篇，然而它在英国文学史上却有重要地位。作为一个通晓人情世故的哲学家和政治活动家，培根在书中写了对世家子弟的"社会的与道德的劝言"（这是书的副标题），内容涉及哲学思想、伦理探讨、做官秘诀、处世之道、治家准则等，还包括了对若干具体问题的建议，也不乏对艺术和大自然的欣赏。

培根对每个题目都有独到之见，而文笔紧凑、老练、锐利，说理透彻，警句迭出。这些话充满成熟的人生经验，而写法则务求清楚达意，使用的比喻十分恰当而又都来自实际。培根的文章也写得富有诗意。诗人雪莱读了他的《论死亡》一文以后，曾赞叹说："培根勋爵是一个诗人"。英国本无随笔，由于培根的示范，这种文体才开始在英国植根，后来名家辈出，随笔也因此成为英国文学中富有特色的体裁之一，对此培根有开创之功。

黑格尔曾指出，"有很多有教养的人，对人们所关注的种种对象，如国事、人情、心灵、外界自然等，曾根据经验，根据一种有教养的阅历，发表过言论，进行过思考。培根也是这样一个有教养的阅世甚深的人。他见过大世面，处理过国务，亲手对付过现实问题，观察过各种人物、各种环境、各种关系，曾经影响过那些有教养的、深思的、甚至研究哲学的人。""在我们看来，这是培根的特色。他对人的研究要比对物的研究多得多。""他的著作虽然充满着最美妙、最聪明的言论，但是要理解其中的智慧，通常只需要付出很少的理性努力。因此他的话常常被人拿来当作格言。"（《哲学史讲演录》第4卷，"关于培根"。）以这些话来评论《培根论说文集》，是十分恰当和中肯的。

现代人读培根的这部书，有两方面的意义。一方面，培根这部

《培根论说文集》中的相当一部分篇章，不仅体现了文艺复兴时代古典人文主义者的价值理想，而且许多教诲和论述就是在今天看也毫无过时之感。这不仅是指那些久已脍炙人口的篇章如《论读书》《论美》《论爱情》《论狡诈》《论厄运》《论死亡》等，还包括其中一些论述宗教和政治问题的篇章。例如本书中的《论迷信》《论宗教信仰的统一》等。而《论变更》那篇短论，看起来仿佛是为所有时代的改革家而写的。

以这部《培根论说文集》所体现的思想观察培根，我们可以这样评价他：培根是一个乐观的、进步的人文主义者，是一位政治思想十分开明的君主立宪论者，是对人类进步和社会正义充满信心的一个理想主义者，并且是一个认为无神论要优于宗教迷信狂热的理性主义者。我们应当注意，1600年布鲁诺由于鼓吹无神论而被焚死在罗马，这正是培根的中年时代。因此培根当时持有这样一种理智的宗教态度，固然与清教徒的英国宗教背景有关，但同样也是需要相当大的智慧和勇气的。

当然，我们从本书的另一些篇章中，也可以看到培根性格的又一个侧面——实用主义和无原则的机会主义。在《论野心》《论伪装与掩饰》等篇章中叙述的做人之道，实际上是典型的市侩哲学。在《论谏议》《论高位之术》《论贵族》等篇目中，他完全站在宫廷御用政治家的立场上，旨在向君王介绍统治经验和权术。诗人布莱克曾把这种篇章批评为"贡献于魔鬼王国的嘉言和忠告"。还有的批评家讽刺培根此书中的那种市侩哲学是"登龙术的研究"。不过这些篇章对于研究十七世纪思想史和培根的思想，仍然具有价值。

论真理

彼拉多曾经戏谑地问道："真理是什么？"不过他并未指望得到答案。世上确有一班见异思迁之徒，认为坚持某种信念就等于作茧自缚，所以在思想和行动上都要求自由意志。这一学派虽然早已消逝，但依然有些爱夸夸其谈的书生才子坚持这种观点——尽管他们比起古代先贤来要血气薄弱一点。人们之所以爱谎言，其原因不是找寻真理的艰难困苦，也不是找到真理之后人们的思维会反被真理所束缚，而是一种人类与生俱来的——尽管是恶劣的——对于谎言本身的爱好。希腊晚期的哲学学派中有人曾研究过这个问题，他不懂人们究竟为何喜好谎言，因为人们既不能从中得到乐趣，像诗人的创作；也不能从中获取利益，像商人的经营，而他们只是爱好谎言本身而已。我也无法得出结论：因为"真理"这件东西可说是一种毫不遮掩的白昼之光，世间的种种歌舞演出庆典若在这种光辉照耀之下进行，远不如在灯烛掩映之下显得庄严美丽。真理的价值在世人眼中也许就像一颗珍珠，在光天化日之下看起来是最好的，但是却远没有在五彩的灯光下最显璀璨的钻石和红玉贵重了。掺上一点谎言的道理总是能给人增添乐趣的。要是从人们的头脑中除去了虚妄的印象、愉快的憧憬、错误的评价、武断的想象等这类东西，恐怕许多人就只剩下一个可怜的、萎缩的东西，充满了忧郁不安和自我厌恶，连自己看起来也会讨厌。对于这一点还有人怀疑么？有一位早期的基督教作家曾经严厉地将诗斥为"魔鬼的酒浆"，就因为诗能发挥人的想象力。其实诗不过是谎言的影子罢了。真正有害的并不是那些从心中飘过的错觉妄念，而是那些留滞心中、盘踞不去的假象，就如前面所讲。然而，无论这些谎言假象如何存在于人们堕落的观念与情感之中，只受自身评判的真理还是教导我们，要探究真理，也就是要向它求爱求婚；要认识真理，就是要与它同处；要相信真理，就是要以它为乐，这才是人性中最高的美德。

上帝创造宇宙万物的那几天里，他创造的第一件东西就是感官上的光明；而他所创造的最后一件东西是理智之光；从那以后直到今天，他在安息日所做的工作一直都是以他的圣灵昭示世人。最初，上帝在万物或混沌的表面上施布光明；然后他在人的面前布下光明；直到如今，这灵光还在他的选民的面前常耀不灭。有一派哲学在别的方面都不如他派，可是一位诗人为这派哲学增光不少。这位诗人曾说："站在高岸上看船舶在海上随波颠簸是一件乐事；站在堡垒中凭窗眺望激战中的战场是一件乐事；但是没有一件能比站在真理的高峰（一座高出一切的山陵，在那里的空气永远是澄清而宁静的）目睹深谷中的错误和彷徨、迷雾和风雨更令人愉快的了。"只要站在峰顶的人对深谷中的景象常存恻隐之心，而不要妄自尊大，那以上的话可算是说得好极了。毋庸置疑，一个人的心若能以仁爱为动机，以天意为依归，以真理为轴心而转动，那么对他来说，尘世的生活就是人间天堂。

从神学教义和哲学中的真理再说到世俗的真理。即使是行为并不坦荡正直的人也会承认，待人坦诚、行事磊落是人性的光荣，而弄虚作假则有如在金银币中掺入合金一样，也许可以使钱币流通更加便利，但是却降低了它们的品质成色。所以这种歪门邪道的做法就像蛇走路一样，蛇没有脚，只能卑贱地用肚子爬行。在所有恶行之中，没有一件比被人发现虚伪欺诈更使人蒙羞的。所以蒙田在研究为什么说谎如此可耻可恨时，说得极好，他说："仔细想来，要是说某人撒谎，就等于说他不敬畏上帝，却畏惧世人。因为谎言是直面上帝而躲避世人的。"谎言可说是请上帝来裁判全人类的最后的钟声。对于虚假和背信之恶的揭露，想来再也不可能比这更淋漓尽致了。曾有预言说：基督重临的时候，"他在地上将再也找不到信义"。

蒙田像

论死亡

成人畏惧死亡，犹如儿童害怕走进黑暗；儿童对黑暗天生的恐惧因听信鬼怪传闻而增长，成人对死亡的恐惧亦复如此。当然，冷静面对死亡，将其视为尘世罪孽的报还，通往另一世界的去路，这是虔诚而圣洁的；而恐惧死亡，把它当作是我们被迫对大自然所纳的贡献，则是懦弱愚昧的。然而，在宗教的沉思中有时也会杂有虚妄和迷信。在某些苦行僧的自戒书中可以看到这样的言辞：一个人应当自己思量，假如他有一根手指被压或受刑，该是怎样地疼痛；由此再想到使人全身溃烂腐朽的死亡，又该是怎样地痛苦。其实，即使死上好几次，也比一肢受刑的痛苦要轻：因为人体最生死攸关的器官并不是感觉最灵敏的部位。所以，那位仅以哲学家及普通人的身份讲话的古人说得好："与死亡俱来的一切，比死亡本身更可怕"。人死前的呻吟与痉挛、变色的面目、亲友的哀泣、黑色的丧服及葬礼，诸如此类都显出死亡的可怕。但应该注意的是，人心中的种种感情并没有脆弱到不能克服对死亡的恐惧。既然一个人的身旁有这么多足以战胜死亡的"侍从"，可见死亡也不是多么可怕的敌人了。

复仇之心可以征服死亡，爱恋之心可以蔑视死亡，荣誉之心会渴求死亡，悲痛之心会奔赴死亡，连恐惧之心也会预期死亡；不仅如此，我们还会在书中读到，奥托皇帝自杀之后，哀怜之心这种最脆弱的情感，使得许多士兵追随他自尽而死，他们的死是出于对君王的同情和忠诚。此外塞内加还加上了苛求之心和厌倦之心。他说："试想你做同样的事已有多久，不仅勇敢的人和悲伤的人，连厌倦无聊的人也想死亡。"一个人即使既不勇敢也不困窘，仅仅为了厌倦没完没了地做同一件事，也会寻死的。同样值得注意的是，死亡的来临给那些伟大的灵魂所造成的影响是如何的微不足道，因为他们即使到了生命的最后一刻仍显得依然故我。奥古斯都大帝临死前还在赞颂他的皇后："永别了，莉维亚，请你不要忘记我们婚后共度的时光。"而提比略死前仍在试图掩饰自己的病情，正如史家塔西佗所说："提比略的体力日渐衰退，但他奸诈如故。"韦斯帕芗死时还在说笑话，他坐在凳子上说："我想我正在变成神祇。"加尔巴的临终遗言是："砍罢！假如这有益于罗马人民的话。"一边说着一边引颈就戮。塞维鲁死得爽快，他说："假如还有什么

奥古斯都大帝，古罗马帝国开国皇帝（公元前27—公元14），元首制创始者。

我应该做的事，就快点拿来吧。"
诸如此类。

而那些斯多噶学派的哲学家把死亡的价值抬得太高了，由于他们对死亡筹备过甚，使得死亡显得更为可怕。还是这句话说得比较好："生命的终结也是大自然的恩惠之一。"死亡与出生同样属于自然的过程；也许对于一个婴儿来说，生与死是同样痛苦的；而为了某种执着的追求而牺牲的人，就像在浴血奋战中受伤的人一样，当时是不觉得痛楚的；所以坚定的、一心向善的心是能够避免死亡痛苦的。但是，最重要的是，请相信，最美的圣歌是在一个人已经实现了某种高尚的目的和期望后所唱的"主啊，现在请你让你的仆人安然离去"。死还可以打开名誉之门，熄灭妒忌之心，因为"生时受人妒羡的人死后将受人爱戴"。

塞维鲁雕像

论复仇

复仇是一种野蛮的公正。人类的天性越是趋向于它，法律就越应当铲除它。因为前一个犯罪的人不过是触犯了法律，可是以牙还牙的报复却是否定了法律的地位。无可否认，报复行为不过就是使复仇者和他的仇人扯平而已；但如果他不念旧恶，既往不咎，那他就比他的仇人要高出一等了，因为宽恕仇敌属于君王的气概。所罗门有言："人有怨仇而不报是他的光荣。"过去的事情已经无法挽回了，明智的人总是着眼于现在和将来，所以对过去耿耿于怀的人无非是枉费心力而已。没有人是为了作恶而作恶的，作恶的人都是为了取得利益、乐趣、荣誉，或诸如此类的东西。既然如此，为什么我要因为某人爱自己胜于爱我而对他发怒

在希腊神话中，美狄亚为报复背叛自己的丈夫，亲手杀死他们的两个孩子。

科西莫像

呢？而且，即令有人纯粹因为生性本恶而作了恶，那也不过像荆棘一样，钩戳刺人是因为它们不会做别的事啊。

　　复仇中最可原谅的一种，就是对没有受到法律惩治的罪恶的报复；可是在这种情形下，报仇的人也应当留神，使他的报复行为也躲过法律的惩罚才好，否则他的仇人仍然是要占便宜的，因为二人吃亏受害的比例是二比一。有些人在报仇的时候要对方知道这报复来自何方，这种人是比较大度的，因为报仇的痛快之处似乎不在于使对方受苦，而在于使对方忏悔前罪。不过，那些卑劣狡猾的懦夫则往往在暗中施放冷箭。佛罗伦萨大公科西莫曾用极其尖锐的言辞来谴责背信或忘恩负义的朋友，说得仿佛这种恶行是不可饶恕的一样。他说："你可以在《圣经》中读到基督教我们饶恕仇敌的教诲，可是你永远读不到劝我们饶恕朋友的训谕。"然而，还是约伯的精神要高一格调，他说："难道我们只向上帝手中要好的，而不要坏的吗？"以此例推于朋友，亦当如此。的确，一个人要是念念不忘复仇，他就是常使自己的伤口新鲜如初，若不是这人老在想着报复，这伤口本来是会痊愈的。公仇的报复多半结局较好，例如为恺撒大帝之死、为佩尔蒂那之死、为法兰西王亨利三世之死等一类的复仇。然而报私仇的人却不会有这么幸运，相反地，不忘宿怨而图谋报复的人都过着妖巫一般阴暗的生活，这种人活着的时候于人有害，死后也是于己不利。

论厄运

　　"幸运的好处固然应当使人向往，但是厄运的好处则会令人惊奇叹赏。"这是塞内加模仿斯多噶学派的口吻发表的高论。毋庸置疑，如果奇迹的意思就是超乎寻常，那么它们大多是从厄运中产生的。塞内加还说过一句比这更高明的话（这话由一个异教徒说出实在是太高明了）："一个人有凡人的脆弱而又有神的自在无忧，那才是真正的伟大。"这句话如果写成诗也许更妙，因为在诗中似乎更允许夸张超凡的说法。而且诗人们也的确始终忙于对其进行描写，因为这种超凡实际就是古代诗人在那部奇妙的传奇中所表现的东西——古人的想象似乎不乏深义，而且描写的还很有点接近基督徒的情形呢。当赫拉克勒斯去解救象征人性的普罗米修斯的时候，是坐在一个陶罐里渡过了大海。而这就如同基督徒以血肉之躯的轻舟渡过世间的汪洋波涛。一般来说，幸运所

赫拉克勒斯头像

生的美德是节制，而厄运所生的美德是坚忍；依道德标准而言，后者是更为高尚的一种德行。

幸运是《旧约》中所说的神恩，而厄运是《新约》中的福祉，而且厄运所带来的福祉更大，它所昭示地上帝的恩泽和启示也更为明显。即使是在《旧约》之中，如果谛听大卫的琴音，也一定可以听见与欢颂一样多的哀歌；并且，那支圣灵的画笔在描述约伯的苦难时，比描绘所罗门的幸福要细致得多了。幸运中并非全无诸多恐惧与烦恼，而厄运中也不乏许多的安慰与希望。在刺绣织锦上，我们常可见到，在一片阴暗的背景上绣上一种明丽的图案，比在一片浅色的底子上绣一种暗沉的花样要悦目得多；从这眼中的乐趣去推想心中的乐趣罢。毫无疑问，美德就像名贵的香料，越经燃烧或碾压而其香愈浓，正如幸运最能显露恶德，而厄运最能昭显美德。

论伪装与掩饰

掩饰只是一种软弱的策略和权宜之计，因为要明确什么时候该说真话、做真事，需要高超的智力和坚强的意志。所以，懦弱的政治家往往是伪装掩饰的高手。

塔西佗说："莉维亚与她丈夫的足智多谋以及儿子的弄虚作假是相匹配的。"也就是说，奥古斯都善于运用智谋，而提比略则喜欢弄虚作假。塔西佗还记述道，当穆奇阿努斯怂恿韦斯帕芗起兵攻打维特里乌斯时说："我们这次起兵所要面对的，既不是奥古斯都敏锐的判断力，也不是提比略的极端谨慎与诡秘。"的确，善于运用智谋与掩饰和诡秘是不一样的，需要仔细辨别。

如果一个人具有相当的洞察力，能够判断什么事情应该公开，什么事情应该保密，什么事

古罗马历史学家塔西佗

情应该半开半掩，以及这些公开和遮掩具体应该针对什么人、在什么时间（正如塔西佗所言，这些确实属于治国处世之道），那么，掩饰的习惯对他而言就是障碍和缺陷。但是，如果一个人不具备足够敏锐的洞察力，那他就只有遮遮掩掩、故作姿态了。因为当一个人不能随机应变并当机立断时，最好还是选择最谨慎安全的方式。这就仿佛一个人看不清路，就需要轻步缓行。

我们应该承认，自古以来那些有能力的人都待人诚恳坦率、光明磊落，都有诚实守信的好名声。但是从另一个角度看，他们又像是训练有素的马匹，知道什么时候该止步，什么时候该转弯；最重要的是，当他们认为某事非隐瞒不可的时候，他们也能瞒过世人，因为以前的好名声会使人们无法轻易觉察到他们的虚伪。

欺瞒伪饰的行为可以分为三个等级：第一等是行踪诡秘，保持缄默，刻意保守秘密，使别人无从了解他的行事和为人；第二等是从消极的角度遮遮掩掩，施放烟幕，掩饰者往往故意留下一些蛛丝马迹，使别人产生错觉；第三等就是直接弄虚作假，煞费苦心地把自己伪装成与自己本身毫无相似之处的另一个人。

伪饰手法中的第一等，沉默寡言，假装自己能保守任何秘密，类似聆听忏悔的神父的美德。嘴严的神父无疑会听到别人的诸多隐私，因为任何人都不愿向多嘴多舌、不守秘密的人敞开心扉。当一个人被人当作守口如瓶的人，他就会吸引别人来向他倾诉秘密，这就像封闭的房间里的空气能够吸引房间外的空气一样。而且，那些忏悔者、诉说者暴露自己的思想不是为了追逐名利，只是图一时之快，以换取心情的舒畅，所以，看似能守秘密的人便可以借此了解到更多的事情。这时候，人们其实不是在透露隐私，而是在倾诉他们的想法。简单地说，获取他人秘密的关键就在于保守秘密。

事实上，没有任何遮掩的祖露都是不文明的，无论是敞开心胸还是祖露身体。如果人们能够对自己的态度与行为适当加以掩饰，而非肆意张扬，就能更明显地感受到尊严。至于那些多嘴多舌的轻浮之徒，往往既虚荣自负又好轻信，因为他们不但喜欢谈论自己知道的事情，而且还热衷于谈论他们不知道的事情。所以可以断定，守口如瓶的习惯既是精明的策略，又是合乎道德的品行。从这个角度讲，人的面部表情最好不要越俎代庖司舌头之职，因为它可以说是人的一个致命弱点，与言语相比，它更容易引人注意，从而泄漏一个人心中的隐秘。

至于第二等，遮遮掩掩，常常不可避免地运用在严守秘密之时。所以，一个人要想避免泄密，就不得不做一个善放烟幕的人。因为，在众目睽睽之下，一个人如果总保持模棱两可，甚至漠不关心的态度，而不透露分毫，大家就会想方设法地刁难他、引诱他，揣摩他的内心。在这种情况下，除非他本人保持一种尴尬的沉默，否则必然就会露出破绽。即使他没有任何表示，人们还是可以从他的沉默中猜测出来，就好像从他的言语中探出口风一样。即使试图通过模棱两可、闪烁其词来搪塞，也只能维持很短的时间。因此，人们要想保守秘密，就必须学会施放烟幕，可以这样说，烟幕就好像是给秘密穿上了一层外衣一样。

但说到第三等，也就是弄虚作假与伪装，我认为除了非常重大的极少数的事件外，其中罪恶的成分应该多于机智的成分。所以，这种弄虚作假（也就是用此下策）是一种不文明的恶习。这种恶习的养成，也许是因为某些人生来就有作伪的天性，也许是因为他有比较严重的心理缺陷，为了掩饰这种缺陷，所以不得不在所有方面弄虚作假，这样他的技巧才不会荒疏。

伪装与掩饰也还是有好处的，至少可以归纳为三条：第一就是可以麻痹对手，从而出其不意打败他。因为如果一个人把自己的思想公开，就等于向所有对手发出信号，引起他们的警觉。第二是可以为自己留条通畅的退路。因为，如果一个人毫无保留，明确宣布要行何事，他就无论遇到什么情况都必须坚持到底，否则就只能干脆承认自己是一个失败者。第三是可以轻易识破他人的意图。对于一个将自己的思想言行展露无遗的人来说，人们是不会反对他的；相反，人们会让他继续说下去，而把他们自己的言论自由变成心里的放肆。所以，在西班牙有一句比较刻薄的谚语说得非常精妙："撒一个谎以便弄清事实的真相。"也就是说，除了弄虚作假以外，仿佛就没有其他方法了。

除了这三点好处以外，我们不得不承认弄虚作假还有三点坏处：第一，伪装与掩饰一般都是怯懦的表现，而这种胆怯将是任何事业道路上的绊脚石，阻止我们达到目标。第二，伪装与掩饰会使其他人迷惑不解、无所适从。也许本来有很多人愿意与他合作，但伪装与掩饰会使他面临几乎没有任何援助的情况，不得不只身一人迈向目标。第三，伪装与掩饰最大的坏处就是会使一个人丧失为人处世最重要的基础，即信任与信念。最理想的做法就是，既保持开诚布公的好口碑，又养成言行隐秘的好习惯，同时掌握适当的伪装与掩饰技巧，在迫不得已的情况下才能运用伪装的能力。

论父母与子女

　　父母的欢欣是秘而不宣的，他们的忧愁与恐惧也是如此。因为其中有些感受是他们不能说的，而有些则不愿意说。孩子可使父母的劳苦变成甜美，但是也可能令父母的不幸变得更深。他们会增加父母对生活的忧虑，但同时也会减轻他们对于死亡的担忧。

　　所有动物都能生殖繁衍，但是在身后留下名声、德行与功业的则只有人类。人们的确可以见到，最伟大的事业往往是由无后嗣的人所开创，这些人由于没有后代来再现他们的躯体，所以才努力地想要再现他们的精神。所以，无后代的人往往倒是最关心后代的人了。未立业而先成家的人，大都对孩子非常纵容溺爱，他们不仅把孩子看作家族的继嗣，而且还将其视为自己事业的延续；因此，孩子对他们来说就和自己创造的事物一样。

　　父母对子女的疼爱往往是不平均的，而且有时不甚合理，尤其以母爱为然。就如所罗门所说："智慧之子使父亲欢乐，愚笨之子使母亲蒙羞。"经常可见在一个子女众多的人家，往往最长一两个孩子受到尊重，最幼的孩子被过度纵容，而居中的几个则好像被人忘却了似的，而他们却往往成为最有出息的孩子。父母在儿子的零

父母的欢欣是秘而不宣的，他们的忧愁与恐惧也是如此。

花钱上吝啬，是有害无益的，因为这会使他们变得卑贱，学会取巧欺诈，使他们结交不三不四的朋友，而且他们到将来富有的时候，容易挥霍无度。因此，父母应该在对子女的管教上严格，而在钱包上宽松。人们（无论是父母、教师还是仆役）都有一种不智的习惯，就是在孩子们小的时候鼓励兄弟之间的竞争，结果往往造成他们长大后弟兄不和，从而破坏家庭的和睦。意大利人对自己的子女、侄甥或近亲，几乎无所分别，只要是本族的晚辈，即使不是自己所出，也一视同仁。说真的，这种风俗其实与自然规律相符，我们常见某个侄甥像伯父或叔父或某位近亲，和自己的父亲到不很相像。为人父母者应当及早选定他们想让子女从事的职业和相关学业，因为孩子越小就越容易接受训导。同时，父母不可过于重视孩子的意愿倾向，不要以为他们所喜欢的就是他们乐于终身从事的。如果孩子的爱好和能力超群出众，那最好不要拂逆他，但是就一般而言，这句格言倒很恰当："选择最好的生活道路，习惯会使它变得适宜而顺畅。"兄弟中做弟弟的多半都比较幸运，但假如长兄被剥夺了继承权，那么这种幸运就难以保全甚至不复存在了。

论结婚与单身

一个人有了妻室儿女，就如同向命运之神交了抵押品，因为家室是成就大业的障碍，无论这个大业是大善举还是大恶行。毋庸讳言，最有益于大众的丰功伟绩大都出于无妻无子的人，这些人可以说已经与公众结了亲，所以将情感和金钱都投入其中。然而，按理说似乎有子嗣的人应当最关心将来，因为他们必须把自己最珍爱的至亲骨肉交付给将来。有些人虽然过的是独身生活，但他们却只想到自己，认为将来对自己无关紧要；还有些人把妻子儿女仅仅看作应付的账单。更有甚者，一些愚蠢而吝啬的富翁竟以没有子嗣为豪，以为这样一来他们在别人眼中就显得更加富有了。也许他们听过这样的话：

一人说"某某人是个大富翁"，而另一人不以为然地说，"是的，可是他有一大堆儿女要养"，好像儿女会减少他的财富似的。

然而，人们选择单身最普遍的原因是为了自由。尤其是一些自悦而任性的人，他们对于各种束缚都很敏感，所以几乎连腰带袜带都被视为羁绊。独身的人是最好的朋友、最好的主人、最好的仆人，但绝非最好的臣民，因为他们无牵无挂，很容易远走高飞，所以差不多所有的流浪者都是独身的。

　　单身生活适于僧侣修士，因为他们的慈善仁爱若先注满了家人的池塘，就难有余泽惠及众生了。而各级法官单身与否则无关紧要，因为假如他们贪赃枉法，那么一个仆人的作用将是一位夫人的五倍。至于军人士兵，笔者发现将帅激励部下时，多使他们想到自己的妻子儿女，同时，笔者也认为，土耳其人对婚姻的不尊重，使得他们的士兵更为卑劣。

　　妻子和儿女对于人类确是一种训练；而独身的人，虽然他们往往因为花销较少而慷慨好施，然而在另一方面，他们也较为残忍冷酷（尤其适宜做审问官），因为他们不常有施用仁慈的地方。庄重的人因常受风俗传统的引导，所以忠贞不渝，多是情深义重的丈夫；正如古人所说的尤利西斯："他宁要他年迈的妻子而不愿获得长生。"贞节的妇人往往因为自己的贞节而有恃无恐，难免骄纵不逊。而使一个妇人相信她的丈夫是明智的，才是使她保持贞操和顺从的最好方式；然而假如这妇人发现丈夫妒忌多疑，那她就永不会相信丈夫是明智的了。

　　妻子是青年人的情人、中年人的伴侣、老年人的看护，所以一个人只要愿意，任何时候都有理由娶妻。然而有个被称为智者的人见解独特，有人问他人应当在什么时候结婚，他答道："年轻的时候还不适宜，而年老时就不必结婚了。"

　　我们常见到懒汉娶好妻，个中原因也许是这种丈夫的优点在偶尔显露时更显可贵，也许是因为做妻子的以自己的忍耐而自豪。但有一点是永远不错的，即这种丈夫必是妻子不顾亲友的同意与否而自己选择的，因此她们必须努力补救自己的失策。

论嫉妒

人类的各种情感之中，除了恋爱与嫉妒，再没有能令人入迷着魔、神魂颠倒的了。这两种情感都包含着强烈的欲望，从而产生虚幻的意象，并且很容易进入世人的眼中，尤其是降临到所爱所嫉的对象身上，这些就是导致蛊惑产生的关键——假设世上真有蛊惑这种事的话。

同样地，我们可以见到《圣经》中把嫉妒叫作"凶眼"；而占星家把星宿对人的不良影响叫作"凶象"；所以至今还有人相信，嫉妒行为发生时，嫉妒者会将灾难投射到他目光注视的地方。不但如此，还有些人好奇之甚，竟说嫉妒之眼伤人最甚的时候正是那受嫉之人显耀荣华、受人瞩目的时候，因为那种春风得意的情形会使嫉妒之火燃得更旺；而且，在这种时候，受嫉之人的情绪往往溢于言表，所以更容易遭到打击。

我们暂且不理会那些玄妙之处（虽然在适当的场合它们并非不值得思量），且先谈谈哪种人最易嫉妒别人，哪种人最易受人嫉妒，以及公众的嫉妒与个人之间的嫉妒有何分别。

无德之人常嫉妒他人有德。因为人的心灵若是无法以自己的美德为养料，就要以他人的缺点为养料。一个人若是无望达到他人的美德的境界，就一定要设法贬损他人以求得平衡。

好管闲事、好探听隐私的人通常善嫉妒。因为善嫉者之所以费力打听他人之事，决不会是由于此事与自己的利害有关；因此，其缘由一定是他在打探别人的祸福时得到了一种观剧式的乐趣。而一个专务己业的人不会有太多嫉妒的理由，因为嫉妒就是一种游荡的情欲，在大街上徘徊而不肯待在家里，正所谓"好管闲事的人必定没安好心"。

出身贵族的人对新授官爵、飞黄腾达的人常怀嫉妒，因为两者之间的差距缩小了；好像一种视觉上的错觉一样，别人上升，他们却以为是自己下降了。

亚伯的供品被上帝看中，遭到了哥哥该隐的嫉恨。

残疾人、宦官、老人与私生子都善嫉妒。因为无法补救自己缺陷的人一定要竭力给别人也造成缺陷。除非有缺陷的人具有非常勇敢和伟大的天性,这种人是会将天生的缺陷变为自身荣耀的一部分的。这样人们就会说,一个宦官或一个瘸子竟做出了这样的大事,这种荣耀简直有如奇迹一般了,就像宦官纳西斯、瘸子阿偈西劳和帖木儿,都属于此类。

经历过大的苦难与不幸而东山再起的人,也富于嫉妒心,因为他们与那些不合时宜的人一样,以为别人受到损害就等于自己的痛苦获得了补偿。

因浮躁和虚荣而想在各个方面都胜过他人的人,总是嫉妒心很盛的。因为他们绝不会缺少嫉妒的对象,在他们想争胜的诸多方面中的某项上,肯定会有许多人可以胜过他们。哈德良皇帝就是这种嫉妒者,他在诗歌、绘画和手工艺上颇有些过人之才,所以非常妒恨真正的诗人、画家与巧匠。

最后,同族近亲、官场同僚和少年伙伴,最容易在平辈升迁得意的时候嫉妒他们。因为这些腾达的人们可说是以他们的幸福衬托出了同辈的失意,对他们进行指责。并且这些腾达的人们会更加频繁地进入同辈人的记忆之中,从而更容易引起他们的关注,而嫉妒之心是会随着名声的传扬而倍增的。该隐对他兄弟亚伯的嫉妒更为卑劣邪恶,这是因为当亚伯的供品被上帝看中的时候并没有旁人在场。关于好嫉妒之人暂且就说到这里。

现在来谈一谈那些或多或少会受人嫉妒的人。首先,德行高的人,随着他德行的增长,他受人嫉妒的机会反而会减少。因为他们的幸福看来已经不过是他们应得的报偿,没有人会嫉妒这种应得的报偿的，世人所嫉妒的多是过于慷慨的报酬和赏赐。而且，嫉妒总是在与人攀比时产生，没有比较就没有嫉妒，因此君王只会被为人君者嫉妒，而不会受到他人的嫉妒。然而应当注意的是，平民在初升显贵时候最易遭人嫉妒，到后来这种嫉妒会逐渐减弱；反之，功成名就的人在福泽绵延时最易受人嫉妒，因为此时虽然他们的德行仍旧，但已不如当初那样光辉耀眼了，后起之秀已经使其黯然失色。

出身贵族的人在升迁的时候不大会遭人嫉妒，因为那好像是他们家世高贵应得的结果，而且这种锦上添花也不见得给他们添加多少幸运。嫉妒心就像日光，照在陡峭的斜坡危岸上比射在平地上要热得多的；同样的道理，那些逐渐高升的人比那些突然飞黄腾达、跻身于显贵之列的人要较少受人嫉妒。

有些人一直把自己的荣耀与巨大的劳苦、忧虑或危险连在一起，这样的人也是较少受人嫉妒的。因为人们认为这些人的荣耀和高位得来不易，甚至有时还会可怜他们，而怜悯往往是疗妒的良药。因此你可以看到那较为深沉庄重的政界中人，处于高位还总是自嗟自叹，说他们的生活如何不快乐，唱着"我们正在受苦受累"的歌。其实他们并不是真的这样感觉，而是要减轻别人的嫉妒心。不过这种嗟叹的重点要放在听命行事的辛苦上才行，不可指自己主动招来的忙碌，因为再没有比毫无必要而野心勃勃的忙于工作更能增加别人的嫉妒了。此外，一个大人物若能保证所有下属的充分权利和应有身份，就能消灭嫉妒，因为这种手段就像是在自己和嫉妒之间筑起了好几重屏障。

有些因大富大贵而态度傲慢、趾高气扬的人，是最受人嫉妒的。这些人总要炫耀自己的伟大才觉得满意，所以他们或在言谈举止上不可一世，或是力图压倒一切反对意见与竞争对手。而明智的人则宁可给嫉妒者一点实惠，或者在对自己无关紧要的事情上故意让人对手占据上风。不过，事实是，若以一种直率坦荡的态度来对待尊荣（只要不带骄矜与虚荣），会比态度多诈而狡猾要较少被人嫉妒；因为持后一种态度的人，无非是想表明自己不配享受那种幸运，让人觉得连他自己都感到自己毫无价值，因此他恰好是教别人来嫉妒自己了。

最后，再赘言几句来结束这个部分：我们在开篇说过，嫉妒行为带有一些巫术的性质，所以要治疗嫉妒，除了用治巫术的方法之外再没有别的好方法了，也就是除去人们所谓的"妖气"，使之落于别人身上。为了达到这一目的，有些比较明哲多智的大人物，总是让别人替他抛头露面，以使本应落到自己身上的嫉妒转到他人身上去，有时这嫉妒落到部下或仆役身上，有时落到同僚身上，诸如此类。而要找这种替身并不难，世间永远不乏天性莽撞好事的人，他们为了得到权力和地位，不惜付出任何代价。

现在且来谈谈公众的嫉妒。在个人之间的嫉妒是毫无益处可言的，而在公众的嫉妒至少有一点好处，因为它就像一种希腊式的放逐法，可以在有些人地位过高、权力过大时对他们进行节制，因此，公众的嫉妒对于大人物是一种制约，可以使他们循规蹈矩。这种公妒，拉丁语叫作invidia，在现代语言中又叫"公愤"；关于这点笔者将在论及叛乱时再加以讨论。"公愤"对国家来说就像是一种疾病，如同传染病可以感染健康的肌体一样，一个国家的民众中如果产生了"公愤"，那么甚至连最合理的政策也会遭到反对，国家也因此背上恶名。此时当权者即使马上实行笼络人心的举措，也是没什么用处的，因为这样不过是表现了国家的懦弱，还有当局对嫉妒的畏惧，这对国家更为不利。就如同通常的疾病流行一样，你越是怕它，它就越要找上门来。

这种公众的嫉妒似乎主要针对那些重臣大吏，而不是针对君主制度或国家本身。但是有一条可靠的定律：假如某大臣并没有大的过失，却招致极大的公愤，或者这种公愤遍及当朝的所有大臣，那么这种公愤（虽然隐而不显）实际上就是指向国家本身了。以上就是关于公妒或公愤，以及它与私妒的差别的讨论。

最后，笔者再对于嫉妒情绪泛泛补充几句：在一切的情感中，嫉妒是最纠缠不休的。因为引发别的情感的诱因不过是偶尔有之的；因此古人说得好："嫉妒永不休假"，因为它老是在某些人的心中活动。此外，还有人注意到只有恋爱与嫉妒使人消瘦，而别的情感则不致如此，因为它们不如爱与妒那么持久。嫉妒也是最卑劣最堕落的情感，所以它是魔鬼的固有特质。魔鬼被人称作"趁夜在麦田里种植稗子的嫉妒者"，因为嫉妒总是施展诡计，在暗中损害诸如麦子之类的世间一切好东西。

论爱情

和人生比起来，舞台从爱情中获得的好处还要更多些。因为对于舞台而言，爱情可以不断提供喜剧或者悲剧的材料；但对于人生，爱情就只能招致祸患；它有时如惑人的魔女塞壬，有时像复仇的女神。

你可以见到，古往今来一切活在人们记忆中的伟大人物，还没有一个被爱情诱到疯狂的程度，可见高贵的心灵与伟大的事业都能抵御这种软弱的感情。然而有两个人属于例外，一个是曾统治罗马帝国一半领土的安东尼，另一个是当过罗马执政官和立法官的阿皮

安东尼曾与屋大维平分权力，后因迷恋埃及女王克娄巴特拉，招致杀身之祸。

亚斯·克劳狄；前者确是一个好色无度的人，但后者却是一个老成持重的明智之士，所以，爱情似乎不但会进入毫无遮掩的心胸，并且也可以（尽管是偶尔的）进入壁垒森严的心中，假如把守不严的话。伊壁鸠鲁有句话说得并不好——"对于我俩来说，彼此就是一座足够大的舞台。"好像生来本当旷观天界及一切高贵之物的人类竟可以无所事事，而只需跪倒在一座小小的偶像前，使自己成为奴隶似的，虽然并不像鸟兽一样成为口腹之欲的奴隶，而是成为眼目的奴隶，而上帝赐给人类眼睛本是为了更高贵的用途的。

目睹这种感情的放纵，以及它如何对事物的本质及价值视而不见，真叫人不可思议。无休无止的夸张言辞只适用于爱情，而对其他任何事情都不适用——甚至不完全适用于下面这句谚语："最成功的谄谀者就是自己，其他所有人都是与他通消息的。"无疑，情人比那最成功的谄谀者还厉害，因为一个自视甚高的人重视自己的程度，永远不能和一个情人重视爱人的程度相比。所以古人说得好，"爱情和智慧不可兼得。"热恋者的这个弱点也并非只有旁人能看得出来，其实在大多数被爱者的眼中也非常明显，除非这被爱者回报了那人的爱情。因为世上的法则就是这样，如果付出爱情所得的报偿不是被爱者的回爱，就是其隐藏于内心

古希腊神话中，三女神比美，请特洛伊王子帕里斯裁决，帕里斯选中爱神维纳斯而得到美女海伦，由此引发特洛伊战争。

深处的轻蔑。由此可见，人们更应当提防这种情感，因为它不但使人丧失了许多其他东西，更会使人丧失自我。关于其他的损失，有位古代诗人在他的诗作中表现得很明白：爱上海伦的王子帕里斯舍弃了天后朱诺和雅典娜的赏赐。可见无论何人，若是过于看重爱情，都将放弃财富与智慧。这种情欲泛滥的时候，往往正是人心软弱的时候，也就是一个人最兴旺或最困厄的时候——虽然困厄的情况历来很少受人注意。这两种时候都最容易点燃爱火或者使之热烈燃烧，由此足见爱情的确是愚蠢的产物。

有些人，即使是不能不爱的时候，仍能约束自己的爱情，并且把它与人生的重要使命严格分开，这些人算是将爱情处理得最为妥当；因为若是让爱情干扰到正事，就会扰乱人们的时运，使他们无法坚守自己的目标。我也不知道为什么，可是军人是最易堕入爱情的。我想这也和他们喜欢喝酒一样，因为从事冒险的事业多需要享乐作为报酬。人的本性之中隐藏着一种施爱于他人的倾向，而如果那爱不施在一个或少数几个人身上，则将很自然地普及于众人，从而使人变得仁慈高尚，比如在僧侣修士中就时常能看到这种情形。

夫妇之爱，使人类繁衍，朋友之爱，使人类完善；但是荒淫无度的爱则会使人类堕落。

论高位

身居高位的人可以说是三重的仆役：君主或国家的仆役、名声的仆役、事业的仆役；所以他们不论在人身、行动还是时间上，都毫无自由可言。追求权力而失去自由，或者说寻求凌驾他人的权力而失去律己之力，这种欲望真有点匪夷所思。要登上高位，必须历尽艰难苦辛，但人们却宁愿吃许多苦头以取得更大的痛苦；要登上高位，有时难免要使用卑下的手段，然而人们宁愿以卑劣的行径求得尊贵。在高位居留其实并不稳固，其退路要么是彻底垮台，至少也是声名晦暗地隐退，结果都是很可悲的。古人曾说："既然已非昔日盛时，还有何理由贪生。"不过，身居高位的人往往在想退的时候是不能退的，而到了应该退时又不肯退；而且甚至在年迈多病、需要隐居静养的时候也还不甘寂寞，就好像那些城里的老人一样，总要坐在临街的门口，即使让自己的老迈成为别人的笑柄。

无可否认，居高位的人需要借他人的观感才能证明自己的幸福。因为他们没有切身的感受，要是依着自己的感觉来判断，那他们不会发现自己是幸福的；只有想一想别人对他们是如何的艳羡，他们才会在某种程度上承认自己快乐，而同时内心的想法也许正相反，因为这些人虽然最后才看出自己的过失，但对自己的烦忧却最敏感。

毋庸置疑，登上高位的人于自己就有如陌路之人，而且在事务烦扰之中，他们甚至没有时间来照管自己身体或精神上的健康。正如古人说的："悲哉斯人之死，举世皆知其为人，而独无自知之明！"

身在高位的人有行善与作恶的自由和权力，而作恶是可诅咒的，要消除恶行，最好是除去作恶之念，其次就是除去作恶之力。但是，行善的权力才是谋求高位者应该追求的目标。因为如果仅有善心善意，虽蒙上帝嘉许，然而若是不付诸行动，对于世人来说则不过如同一场美梦而已；而要行善就非有高位权势不可。

人们谋求高位的目的在于建功立业，只有自觉已经功成名就，才能令人满足地安度余生。这就像一个人如果能够分享上帝所造的胜景，那么他也可以分享上帝的安息了，如《圣经》中说："于是上帝转身看他创造的一切，看见它们都很好"，于是便有了安息日。

在开始行使职权的时候，要将最佳的楷模置于面前，就像是一整套的箴言。过一段时间，可把自己的范例放在面前，并且严格地自检，看看是否以前做得好而现在有所退步。也不要忽视前任那些不称职的事例，这并不是要诋毁前人的名声，显出自己的好处，而是用来提醒自己，以免重蹈覆辙的意思。因此，凡是有革除旧弊的改良之举，不宜大肆炫耀，也不要贬责耻笑前人，同时要提醒自己，不但要仿效合理的旧规，还要创立良好的先例。凡是都应追本溯源，考察它们盛衰的原因和过程；制定政策时仍要向古今两个时代讨教，问古时何者是最好的，问现时何者是最适当的。

行事时必须努力做到有规律可循，前后一致，这样他人才能知道他们该遵循什么；但是也不要过于确凿或死板；在打破常规的时候，要把自己之所以这样做的理由解释清楚。维护自己所处地位应享的权力，但是不要引起有关职权范围的争论：宁可不声不响地握有实权，也不要在大庭广众下为名分而吵闹。同样地，下属的权力也需要维护，并且要切记，坐镇指挥比事必躬亲更显尊荣。应该欢迎并鼓励他人就本职工作提供帮助和忠告，不要把带来消息的人当作好管闲事者拒之门外；反之，应该好好地接待他们。

当权者的恶习主要有四种，即拖沓、贪污、粗暴与圆通。

为避免拖沓，应开门纳客，严守约定的时间，当下的工作应尽快处理完，而不要让次要的杂事掺杂其间。

要避免贪污，不仅要约束自己和仆役，杜绝接纳贿赂，还应当约束求情的人，使他们不再呈献贿赂。因为一个人自持的清廉只能约束自己和仆役，而公开宣扬的清廉，再加上公开的对贿赂的厌恨，则能够约束他人。不仅要避免纳贿的事实，而且要提防纳贿的嫌疑。一个当权者如果在别人看来反复无常，朝令夕改，就容易招致贪污的嫌疑。因此，无论何时，一旦要变更主张或行事方法，就要公开宣告，并且要把变更的理由也宣之于众，不要暗中行事。如果一个仆人或部下与当权者过从甚密，而他受器重并没有明显的正当理由，就容易被人怀疑是暗中行贿的一条门路。

至于粗暴，不仅没有必要，而且容易招怨。严厉只是使人生畏，但是粗暴会造成怨恨，即使仅就公事批评下属，也应当措辞庄重，而不应侮辱嘲弄。

圆通的害处比受贿还要大得多。因为贿赂不过是偶尔发生，但是假如当权者如果经常被人情关系打动，那么他就会永远也脱不了干系了。如所罗门所说的："徇私情并不是好心，因为这样的人会为了一块面包而枉法。"

有句古语也说得极好："一登高位，本相毕露。"地位的崇高会显出一些人的长处，也显出另一些人的短处。塔西佗谈及伽尔巴时曾说："假如他从来没有做过皇帝，民众也会说他适于做皇帝的。"不过关于韦斯帕芗，他却说："韦斯帕芗是唯一一个得掌大权后德行有所增长的皇帝。"——前一句话说的是治国的才能，而后一句说的是道德情操。一个人因有权位而德行增长，这是他人格高尚且宽宏大量的明证。因为权位是——或者应当是——德行之所在；就像在自然界中，万物不在它们应处的位置时，狂奔突撞，而一旦各就各位，就变得和缓沉静，德行也是如此，在努力向上的时候是猛烈的，而到达高位后则安稳平和。一切谋求高位的行动都像在登一条迂曲的楼梯，途中若遇派别纷争时，最好是先加入某派，而问鼎高位后则要保守中立。要爱护并且公平对待前人的政绩和名声，否则就会欠下一笔债务，将来卸任后势必要偿还的。如果有同僚的话，尊重他们，宁可在他们不想被召的时候召请他们，也不要在他们希望被召的时候拒见他们。在与人私下谈话或答复私人请求的时候，不要太过矜持，念念不忘自己的地位，而最好让人家说，"他在执行公务时和私底下简直判若两人"。

论胆大

　　曾有人问狄摩西尼："一位演说家最重要的才能是什么？"他说，"表情。""其次呢？""表情。""再其次呢？""表情。"这虽是小学课文中一段浅显滥熟的故事，但依然值得智者深思。说这话的人对他所说的事情最为精通，但是对他所强调的"表情"上却没有天生的优势。

狄摩西尼是雅典最伟大的演说家。

　　表情对演说家来说不过是表面的才能，而且确切地说它属于演员的专长，而竟会被抬得这样高，超出演说家的其他长技，如措辞新鲜、口齿清晰等；不仅如此，这种表面的才能简直成了演说的唯一要素，是一切的一切了，听起来真叫人奇怪。然而，理由是显而易见的。人的天性之中总是愚钝多于智慧的，因此那些

伊斯兰教创始人穆罕默德

能够打动愚钝者的才能才最具效力。有种情况与此非常相似，那就是在国家事务中的胆大妄为：对处理国事而言最重要的是什么？胆大；其次呢？胆大；再次呢？胆大。可是这种胆大不过是无识与卑贱的产儿，比其他治国之道贱得多了。然而它真能迷惑并控制那些见识浮浅或勇气不足的人，而这种人往往又数量庞大。更甚者，这种莽撞的勇气也能在明智之人意志不坚时征服他们。因此我们常见勇气在民主国家中创造出惊人的奇迹，而在君主制的国家中则没有如此之甚；而且，勇气总是在胆大者人初次行动时见效显著，不久以后就没有功效了；因为勇气是不守信用的。正如替人看病的有江湖医生，为国献策的也有江湖术士，他们也许在开始的两三次试验中侥幸成功，但是由于他们缺乏科学知识，所以是不能持久的。无疑地，在识见远大的人们看来，所谓胆大妄为者是可笑的人；不但如此，在一般人眼中，这种勇气也是有点可笑的。因为，假如"荒唐"可以引人发笑的话，那么可以确信胆大包天都会包含一点荒唐的。一个勇夫被人揭穿而失败的时候尤其可笑，因为此时他的面容必然变得极其萎缩呆板。一般人在遇到尴尬时，表情通常会有些变化；但是在上述情形中，那些勇夫们就只能表情呆滞，好像下棋下成和局一样，输不算输，然而棋是无法再走了。不过这场面或许更适于写进讽刺的文章，而不适于严肃的论说。

最值得考虑的是，大胆永远是盲目的，因为它看不见危险和困难。因此，胆大于决策不利，但对决策后的实行则有利；所以永不要让勇夫统帅一切，而应当让他们充当副手，听他人指挥。因为在决策时必须预见风险；而执行决策时则最好对风险视而不见，除非那风险人命关天。

论善与性善

我认为"善"的含义，就在于有利于人类，也就是希腊人所谓的"爱人"（Philanthropia）；而用时下流行的"人道"（Humanity）一词来形容，还稍嫌不足。

善，还不只是一种慈善的行为习惯，后者只是现象，而前者则反映了性格的本质。善在人类的一切德行及精神品质中是最伟大的，因为它是上帝的特性；如果没有善这种德行，人就会成为一种庸庸碌碌、有害无益、卑贱不堪的东西，比虫豸好不了多少。"善"与神学所说的德行之一"仁爱"相符合，它只会错施对象，却永远不会过度。过度的权力欲能使天使堕落，过度的求知欲会使人类堕落，但是"仁爱"却并没有过度的情况，无论是对天使还是

马基雅弗利，佛罗伦萨政治家、作家，世界名著《君主论》的作者。

人类，也都不会因它而遭受危险。

向善的倾向深深植根于人性之中。究竟怎样深法？如果这种倾向不施与人类，也要及于其他的生物，这一点可以从土耳其人的身上得到证实。土耳其是一个生性残忍的民族，然而他们对待鸟兽却很仁慈，甚至对于狗和鸟类也会给予施舍。据比斯贝克的记述，君士坦丁堡有一个基督教青年，因为在开玩笑时把一只长喙鸟的嘴硬生生撑开，差点被人用石头砸死。

善心或者仁爱有时的确会被错施。意大利人有句骂人的谚语："过分仁善，就是傻瓜。"意大利的学者马基雅弗利竟然也如此自信地明确写道："基督教信仰把善良的人们当作祭品，献给那些专横无道的暴君。"他之所以这样说，是因为的确从来没有一种法律、教派或学说曾如基督教这样劝人向善的。因此，为了避免这种诋毁和危险，有必要研究研究这么优秀的习性究竟错在哪里。我们要努力行善，但是不要成为他人的面貌或妄想的奴隶，否则就是易受人欺或懦弱无能了，而易欺懦弱是诚实者的枷锁。也不要把宝石给《伊索寓言》中的那只雄鸡，它大概更乐意得到一颗麦粒。上帝创下的先例给我们留下了真切的教训："他降雨给义

圣保罗像。他为了拯救自己的兄弟而甘受基督诅咒——甚至不怕被逐出天国。

人，也给不义的人；叫日头照好人，也照歹人"；但是他从不把财富、荣耀和德能平均地施与芸芸众生。一般的福利应该人人共有，但是特殊的恩惠则必须有所选择。我们还要小心，不可在临摹作画的时候把原型毁了。因为神学教导我们，要以世人爱己之心为原型范例，爱他人之心只是照着原型进行的临摹。耶稣曾说："变卖你所有的财产，把钱分给穷人，然后来跟从我。"然而除非你真要去跟从耶稣，否则不要把你的所有财产都卖掉，也就是说，除非天赋的使命使你可以用很少的财产行善，而与用很多资产行善一样多；否则就是灌溉了支流而汲干了源头。

在人类的天性中，不仅有一种向善的倾向，并且有些人也有一种向善的倾向，因为他们生来就不关心他人的福利。比较轻的恶性趋向于暴躁、鲁莽、好斗或固执等；而较重的则趋向于嫉妒或不折不扣地祸害他人。他们可说是靠别人的不幸起家的，并且总爱落井下石：他们并不像替拉萨路舔舐脓疮的那些狗，而只像围着人体溃烂的伤口嗡嗡叫的苍蝇；这些"憎恨人类者"（misanthropic）惯于引人上吊自缢，可是他们连雅典的泰门也不如，因为他们花园中连可供上吊的一棵树都没有。这样的心性是人性的溃疡，不过他们也许正是当政客的材料；这就如同弯曲的木材适合造船，但却不适于造房屋，因为船舶要在风浪中颠簸，而房屋要在地面上岿然不动。

性善具有许多要素和特质。如果一个人对待异乡人温和有礼，那就说明他是个"世界的公民"，他的心不是一个与陆地隔绝的岛屿，而是一片与五湖四海相连的大陆。若是他会对别人的痛苦灾难产生同情，那就是表明他的心有如宁愿自己被割伤也要奉献汁液为人疗伤的珍贵树木。若是他对于别人的过失能够宽容不究，那就表明他的心智种植在远离伤害的地方，所以他不可能受到伤害。若是他对别人的小恩小惠也心存感激，那就表明他看重的是别人的心而不是他们的钱财。但是，最重要的是，假如他有圣保罗的至善，也就是说，假如他为了拯救自己的兄弟而甘受基督诅咒——甚至不怕被逐出天国，那就充分说明他超越了凡人，竟与基督有一种共通之处了。

论贵族

    关于贵族，笔者首先将其作为国家中的一个阶层，然后再将其作为一种个人的品质来讨论。

    一个君主国，如果完全没有贵族阶层，那么它一定就像土耳其一样是个专制的国家。因为贵族可以节制君权，他们在一定程度上可以将民众的目光从皇室引开。但是对民主国家来说，它们是不需要贵族的；而且与有贵族豪门的君主国相比，它们通常更为安定，少有叛乱发生。因为在民主国中，人们的目光关注的是职责而不是个人；或者说，即使他们关注个人，也是为了职责的缘故，要看某人是否称职，而不是看他的门第与血统。我们看到瑞士能够长治久安，尽管他们国内有很多宗教派别，行政区划也不一致；这是因为维系他们国家的是公众的共同利益，而不是对在位者的个人崇拜。荷兰合众国的政府治国有方，因为在平权的国度，政策

哈德良系罗马皇帝图拉真养子，即位后很有作为。

的讨论与制定比较重事而不重人，因此人民也比较乐意交税纳捐。

一个强有力的贵族阶层可增加君王的威严，但同时却会削弱他的权力；贵族可以给国民注入生机与活力，可是却会降低他们的身份。所以，贵族阶层最好不要凌驾于君权或国法之上，但同时还要保持一定的高位，这样一来，一旦有下民想犯上作乱，那种桀骜难驯的气势在迅速触及君王的威严之前，不得不先与贵族发生冲撞，就像先冲击到顽石上的急流一样，力量被冲散。贵族人数众多，会导致国家贫困多艰，因为供养贵族是巨大的负担；并且，有许多贵族会随着时间的推移变得贫穷，结果造成尊荣与财富毫不相称的情形。

接下来，谈谈作为个人身份的贵族。就好像我们看到一座古堡之类的建筑依然完好，或者看到一棵古树依旧枝繁叶茂时，心中总会肃然起敬一样；要是见到一个历经岁月沧桑的古老贵族世家，这种敬意会更多几分。因为新封的贵族不过是权力的产物，而古老的贵族则是时间所造就的。第一代贵族多比他们的子孙后代更有才干，但不如子孙们纯洁清白；因为很少有人能只用完全合法干净的手段就飞黄腾达的。但是他们在子孙后代的记忆中只留下了长处，而他们的短处则与身俱灭，这也是合理的。

出身贵族的人多半轻视劳作，而不勤劳的人往往会嫉妒勤劳的人；再者，贵族中人不可能再升高一步了，而自己停留在某个地位而目睹他人上升的人也难免会心生嫉妒。另一方面，贵族身份能消除别人对他们的嫉妒，因为他们生来就享有那种荣华富贵。无疑，为人君者若能善用贵族中的人才，他们就能轻松地各安其位，国事也就会非常顺利，因为民众认为他们生来就有权发号施令，所以自自然会服从他们。

论无神论

我宁愿相信《金传》《塔木德经》及《可兰经》中的一切虚构的寓言，也不愿相信这宇宙的结构没有一个主宰的精神。因此，上帝从没有创造过什么奇迹用来降服无神论，因为他所造的日常一切就足以驳倒无神论者了。的确，对哲学的一知半解会使人倾向于无神论，但是只要深入研究哲理，人心就会又转回到宗教中去。因为当一个人的精神专注于许多零散的第二动因时，也许有时会停留在这些第二动因中不再前进；但是当他看到一连串的第二动因相互关联、环环相扣的时候，他的心就不能不飞向天道与造物主了。

不仅如此，就连最被世人斥为无神论的哲学学派（即留基伯、德谟克利特、伊壁鸠鲁一派）也能够证实有神存在。有一派学说主张，这宇宙万物的秩序与美是由四种可变易的元素和一种不可变易的第五元素，适当而循环不断地配制而成，并未经过神力相助。这种学说比原子派那种主张宇宙全仗一大群无限小和不固定的原子构成的说法，要可信千倍以上。

《圣经》上说："愚顽的人心里说没有上帝。"但是没有说"愚顽人心里想"，也就是说，这话是愚顽的人因循习惯说给自己听，以为自己是愿意相信的，而其实他并不一定完全相信。因为除了那些可以从无神论中捞取好处的人之外，没有人会否认神的存在。无神论者总在谈论他们的主张，好像他们自己心中也觉得不妥，而希望借别人的赞同来增强信心似的，由此可见无神论是口头上的而不是心里的。而且，谁都看得见无神论者努力吸收信徒，和别的宗教派别一样。最重要的是，还可以看到他们之中有些人宁愿为无神论受刑也不愿反悔，然而如果他们真相信没有神这样东西，为什么还要自我折磨呢？伊壁鸠鲁曾说过神明是存在的，不过他们逍遥自在、不问世事。他因此受到世人指责，说他这样讲是为了沽名钓誉。还有人说他是个骑墙派，其实他心里是不相信有神的。但是，他的确是受诽谤了，他的话是高贵而且虔诚的，他说："渎神之举不在否认世俗所谓的神灵，而在以世俗之见加诸神灵。"恐怕连柏拉图无法说出比这更精辟的话了。

伊壁鸠鲁半身像

再者，伊壁鸠鲁虽然有胆量否认神的作为，却没有能力否认神的本质。西印度群岛上的土著虽不知上帝的圣名，但却为本族崇拜的神取了各种名称，就好像异教徒有朱庇特、阿波罗、马斯等名字而没有"神"这个字似的；足见连这些野蛮人也有神的概念，虽然不如文明人那样博大精深。因此，在反对无神论者这方面，野蛮人和思想最深邃的哲学家是站在一起的。

作为思想家的无神论者并不多见：一个迪亚哥拉斯、一个彼翁，也许还有个卢奇安和其他一些人；然而就连他们也似乎外表坚定，实际却并非如此。因为凡是对于公认的宗教或迷信提出异议的人，总被反对者冠以无神论者之名。但是十足的无神论者其实都是些伪君子，他们老在搬弄引据神圣的东西而毫无感觉，因此他们最后必然会变得麻木不仁。

无神论的产生有若干原因，首先是宗教分裂成诸多派别（分为主要的两大派会增加信徒的热诚，但是派别过多就要导致无神论了）。还有一个原因是神职人员的失德，就如圣贝尔纳所说："如今我们不能说神父有如俗人，因为现在的俗人比神父还强了。"第三个原因，就是对神圣事物的亵渎和嘲弄蔚然成风，这种风气一点一点毁损了宗教的尊严。最后还有一点，就是学术昌盛的时代，尤其是同时享有太平与繁荣的时代，容易盛行无神论，因为祸乱与困厄更能使人心皈依宗教。

否认有神的人会毁掉人类的尊贵，因为人类在肉体方面的确与禽兽相近，如果在精神方面再不与神相类的话，那么人真是一种卑下的动物了。同样地，无神论也毁灭英雄气概，并且阻碍人性的升华；以狗为例，我们会见到它在意识到自己受人护持时是如何的高贵勇武，人对于狗就是神灵，或者是一种更高品性的化身。如果那条狗对于比自己更高的天性没有一种信赖的话，是无论如何也不可能显示出那种勇武的。人也是这样，当他信赖神灵的保护和恩惠，并以此自励时，就能聚积一种力量和信心，这种力量和信心单凭人性本身是无法获得的。因此，正如无神论在所有方面的可恨可厌一样，在这方面也是如此，就是它剥夺了人性中赖以超越人类弱点的助力。这在个人来说是这样，在国家民族亦复如是。历史上再没有一个国家比罗马更高贵壮伟，关于这个国家，且听西塞罗所言："无论我们自视多高，然而我们在人数上胜不过西班牙人，在体力上胜不过高卢人，在狡黠上胜不过迦太基人，在艺术上胜不过希腊人，甚至在天生的对土地和国家的眷恋之心上，连土生土长的意大利人和拉丁人也胜不过；然而若是论慈孝和宗教信仰，尤其是在那唯一的大智慧上——即认为世间的一切是由众神的意志所支配的——我们是胜过一切的国家与民族的。"

论迷信

关于神灵，宁可毫无意见，也比有意见而与神极不相称的好。因为前者只是对神的无知，后者则是对神的亵渎。对神迷信就是对神的一种亵渎。关于这一点，普卢塔克说得很好，他说："我宁愿世人说从没有过普卢塔克这么一个人，也不愿人说从前有个普卢塔克，他的儿女一生下来就被他吃掉了。"——就如诗人们说萨图尔努斯的那样。这种对神的亵渎越大，则其对人的危险也越大。无神论把人类付诸理性和哲学，付诸天生的亲子之情，付诸法律和名利心，所有这些虽没有宗教参与其间，也可以将人类引向外表上的美德；但是迷信却卸除了这一切，而在人心中树立起一种绝对的君主专制。因此，无神论从没有扰乱过国家，因为它使人谨小慎微，除了自己的福利以外没有其他可顾虑的，所以我们看到历史上那些倾向无神论的时代（如奥古斯都大帝之世）都是太平时代。但是迷信却曾经在许

死神

多国家引起过混乱，因为它带来了一个新的第九重天，这第九重天就是要把政府的诸天都引得脱离常轨。迷信的主人公是民众，在一切迷信之中，有智的人跟着愚人跑，理论遵从一种颠倒的次序，用以适应行为。在特兰托宗教会议中——经院派的学者们是在该会议中很占优势的——有些高级教士曾发表过如下意味深长的话。他们说，经院派学者就像天文学家。天文学家假设出离心圈、本轮，以及这一类的轨道模具来解释天文上的现象，虽然他们知道这些东西实际是不存在的；同样地，经院派的学者们杜撰了许多奥妙复杂的原理和准则，用以解释教会的行为。

迷信的原因主要有：悦人耳目、刺激感官的宗教礼仪；对外表的过度注重与法利赛式的虔诚；对积习的过度尊崇，这种积习一定会给教会造成压力；高级教士为私人野心或财富而设的诡计；过于个人"良好动机"的过分看重，而这种动机足以引起自以为是和标新立异；以人间的事理去揣度神明，这必会导致杂乱的狂想；最后，还有野蛮的时代，尤其是与灾祸有关的时代。赤裸裸的迷信是一种残缺丑恶的东西；好比一只猿猴，因为它太像人了，所以愈显丑恶；迷信类似宗教的地方也使其变得更为丑恶。此外，就像健康的肌肉腐烂后会化成小蛆一样，良好的宗教仪式及教规也会腐化成为许多繁文缛节。

有时人们会以为，只要远离以往的迷信就好了，殊不知这样往往会陷入一种与以前的迷信相反的新迷信；因此应当留心，不要像清除体内积毒而手术不善的情况一样，把好的和坏的一齐去掉了；让平民来主持改良的时候，往往是会做出这种蠢事的。

论旅行

旅行对于年轻人来说，是教育的一部分，而对于年长的人来说，则是经验的一部分。如果还没学过某国的语言而就前往该国，与其说是去旅行，不如说是去求学。我赞成年轻人出外游历时有一名教师或可靠的侍从随行，只要那导师或侍从曾经去过那个国家，懂得那里的语言，这样他就可以告诉同行的年轻人在那个国家里应当看些什么，应当结识些什么人，并且可以获得哪些阅历和训练。否则，年轻人到了外国，就像蒙着头巾的鹰隼一样，看不到多少外部的世界了。

人们在航海的时候，除了蓝天和大海以外没什么其他景色可看，却往往会常写日记；而在陆地上旅行的时候，可观察的景物人情非常多，人们却常常省略写日记的环节，好像偶然所见的事物比用心观察的东西更值得付诸笔墨似的，这是很奇怪的。所以在旅行中还是应该坚持写日记。

在所游历的国度，旅行者应当仔细考察的事物有：君主与宫廷，尤其是当君王接见外国使臣的时候；还有法院法庭，尤其是他们开庭问案的时候；还有宗教法庭、教堂、修道院，以及其中遗留的历史古迹；城市的墙垣与堡垒要塞；商埠与港湾；古物与遗迹；

图书馆、学校，以及偶然遇上的辩论会和演讲；航运船舶与海军；大都市近郊的壮丽的建筑与花园；军械库、兵工厂、国家仓库；交易所、基金会；马术、击剑、军事操练等；当地上流人士趋之若鹜的戏院；珍藏的珠玉服饰与珍宝古玩；总而言之，应当注意考察当地一切值得留下记忆的事物。而打探上述的去处应当是随行的导师或仆人们的事。至于那些庆祝大典、宫廷戏剧、盛大宴会、婚礼、出殡以及行刑等类似的场面，倒不必过于认真，但也不可视而不见。

　　如果一个年轻人仅在一个小国旅行，还要在短时间内得到丰富的知识，他就必须做到以下几点：首先，如前所述，在他动身之前一定掌握一点所去国家的语言。第二，他得有一个对该国情况熟悉的仆从或导师随行。第三，自己也得随身带上些介绍该国的书籍或地图，这些书籍对访问和考察将是一个良好的指南。第四，应当每天坚持记日记。在一城一镇中不可停留过久，具体时间应根据当地情况而定。不仅如此，即使是住在一个城市里，也应当变换寓所，城市的一边迁移到另一边，这样可以结识更多的人。住在异国时，不要和自己国家的同胞住在一起，不要和他们常常来往，也不要总在那些会遇到本国上流人士的地方吃饭。

异国城市的墙垣与堡垒要塞也是旅行者应该注意考察的事物之一。

在从一处迁往另一处的时候，应当设法经由别人的引荐和介绍，拜访当地的名流，为的是在想看见或想了解某些事时得到他的帮助。只要做到上述各点，就可以在缩短游历时间的同时获益良多了。

说到在旅行中应当与什么样的人结交，笔者以为和各国使节的书记或私人秘书交往最有益处，因为这样，即使只在一国游历也可以获得许多国家的知识和经验了。旅行者还应当去拜见在各个领域名扬天下的名流巨子，因为这样也许就能看出这些名人与他们的声名到底有多少相符之处。

旅行者还应谨慎避免与人发生争斗。引发争斗的原因多是为情人、饮酒、座次或者出言不逊。一个人尤其应当小心考虑如何与易怒好争之人交往，因为那些人往往会把别人卷入他们自己的争斗中。

旅行者回国之后，不可把曾经游历的国家完全置诸脑后，而应当与他新结交而最有价值的异国朋友继续通信。此外，最好让自己的远游经历体现在自己的言谈中，不要反映在衣着举止上；而且，在谈话时也最好审慎回答别人的提问，而不要急于夸耀自己的异国经历；不要让别人觉得他已经用外国的风习代替了本国的习俗，而只是把从国外学到的某些好东西融入本国习俗之中而已。

论谏议

人与人之间最大的信任就是关于进言的信任。因为在别的信托之中，人们不过是把生活的一部分委托于人，如田地、产业、子女、信用等某项具体事务；但是对那些自己心目中的言官或诤友，他们是以全部生活相托付的；可见进言者更应当严守信实与坚贞。

即使是极聪明的君主，也不必以为接纳谏言会有损于他们的伟大或威名，因为连上帝也认为忠告和建议是不可缺少的，否则他也不会将善于进言的人封为"进言者"或"规劝者"，作为其圣子的诸多尊号之一。所罗门曾说过："从谏如流方能长治久安。"凡事必然会有波动，如果不颠簸于争论辩驳之上，就必将颠簸于命运的波涛之上，而且会有始无终，成败不定，就像一个醉汉蹒跚的步履一样。如同所罗门认识到纳谏的必要一样，他的儿子也领教了言论的力量，因为这个上帝最宠爱的国家当初就是由于他听信邪说而分裂的；从这个例子中，人们往往据此分辨出两种邪恶的言论来：一是年轻人幼稚轻率的进言；二是张狂之徒的过激之论。

古人早已用形象的譬喻，阐明了君王与进言的密不可分，以及君王应当如何善纳忠言。其一，古人说朱庇特曾娶智慧女神墨提斯，这位墨提斯就代表了智慧的言论，古人借这个寓言表示君权总是与言论联姻的。其二就是这个故事的下文，古人说墨提斯嫁给朱庇特之后怀了孕，但是朱庇特没等到她分娩，就把她吞入腹内，因此朱庇特自己竟怀孕在身，后来由他的头颅里生出了全身披挂的女神帕拉斯·雅典娜。这个荒唐的故事暗寓着君王治国之道的秘密，即君王应当如何利用朝议。首先，君王应当将国家大事交付谋臣们讨论，这就好像最初结胎受孕一样；而当这些事务已经在议论的腹中受到躁动、捏搓而成形之后，君王切不可让谋臣们做出最后的决断，好像此事非他们不

俄罗斯沙皇皇冠、帝王金球和权杖

能行似的，而是要将决定权收回到自己手中，让世人觉得最后的令谕和决断均出自君王本人（这些令谕和决断发出时审慎而有力，因此可比全身披挂的帕拉斯·雅典娜），而且不仅出自他们的威权，更出自他们的头脑和智谋，这样就更能增加君王的威名了。

接下来且谈一谈谏议的弊病和补救的方法。求言与纳谏的害处一般有三类：第一，所议之事外传，难以保守机密；第二，有损人君的威权，好像他们做事不能全仗自己决定；第三，就是有接纳谗言的危险，其结果对进言者比对纳言者更为有利。因为这三种弊端，所以意大利在理论上，法兰西在实践上（在某几位君王的时代），都曾创设密议或内阁会议制度，不过这是一种比疾病本身更糟的治疗方法。

对于保密，君王不必把所有的事情告知所有的谋臣顾问，而是可以有所选择。而且向征询意见的人也不一定要宣布他将采纳何种意见。只是君王要时刻提防，不可使机密从自己口中泄露。至于那些秘密会议，下面这句话可作为它们的名言："我全身都是漏洞。"一个以多话、告密为荣的人所造成的危害之大，即使有许多懂得保密之责的人也无法挽救。有些事需要高度保密，除了君主本人，和一两个亲信之外，再没有他人知道，然而这一两个人的建议也不见得没有好处，因为除了有利于保密之外，这些意见往往能遵循同一方针而没有分歧。可是要达到这种目的，那个君王就必须是一位明主，有独自决断和实行的能力；并且那些参与机密的谋臣也必须是足智多谋之人，尤其必须忠于君王的宏旨才行。英王亨利七世在决定重大事件时，除了莫顿和福克斯之外，从不将秘密透露给任何人，就是一个例子。

至于有损君威，上文提及的寓言已经讲明了补救之道。而且，与其说君王的威严会由于谋臣参与议论而受损，不如说会得到提高；从来也没有君王会因为接受进言而失去臣仆的，除非某个谋臣获得破格提升，或者几个策士拉帮结派、过从甚密，那算是例外；不过这种情形都容易发现而且不难补救。

再说最后一项弊端，就是有人会出于私心而进言。无疑，"他在地面上将找不到忠诚"这句话是形容整个时代风气，而并非专指个人而言的。有些人天性忠诚、质朴、爽直，而非狡猾阴险，君王应当首先把这样的人吸纳到身边来。再者，言事之臣并非都是团结一致的，相反，他们常常相互戒备，因此若有一个人的言论是为了党争或私心而发，真相多半都会传到君王的耳朵里。但是最好的长久之法就是君王要了解言官，就如言官了解君王一样。"人君之至德在乎知人。"

另一方面，谋臣言官也不可过度热衷于探究君王的好恶。一个参与言事的人真正应有的品格是通晓君王的事务，而不是熟悉他的性格，这样他才会直言进谏，而不至于一味逢迎他的脾性。为人君者在征求谋臣的意见时，如果既能听取私下的建议，又能采纳公开的进言，就是相当有益的。因为私下的建议表述较为自由，而公开的进言更加值得重视。在私下，人们比较敢于直言表达自己的好恶；在公开场合，人们则比较容易受人影响而人云亦云，因此两种意见兼而听之才是最好。而且，在听取下级小官的意见时，最好是在私下，因为这样才能使他们畅所欲言；而在听取地位尊贵者的意见时，最好在公众场合，因为这样可使他们出言慎重。

君王如果仅为行事而广开言路，而不为用人而求言纳谏，那么这种求言之举就是虚而不实的；因为这样一来，一切事务就像没有生命的图像一样了，而事务执行时的那种勃勃生气，全在于用人得宜。为用人而征求意见时，若仅以等级地位为标准来决定人的品质与性格，就好像在研究一种观念或者一道数学题时，只用分门别类的方法一样，是远远不够的；因为大错的铸成，或大智的显露，都在用人是否得当。古人说："死了的人才是最好的进言者。"这话说得不错，当活着的人为逃避罪责而畏缩不敢言的时候，书籍却敢直言不讳，因此应当博览群书，尤其是那些与自己有类似经历的人所著的书。

如今各处的议事机关大多不过是一种日常会议而已，对各种付议的事务仅有谈论，而没有辩论，结果往往都草草形成决议和规条。对于重大事件，最好提前一天提出，而到次日再进行讨论审议，因为"黑夜带来良言"。"英苏合并问题委员会"就采用了这种方法：那是个慎重有序的议事机关。笔者认为应安排一定的日期专议请愿之事，因为这样既可以使请愿者清楚他们的请求何时能够得到重视，又可以使议事机关有时间讨论国事，从而使紧急要务得到及时的处理。在选任委员会成员的时候，与其任用对立双方成见很深的人，从而造成一种均衡之势，不如任用那些不抱成见的人。笔者也赞成建立一些常设委员会，例如关于贸易的、关于财政的、关于军事的、关于诉讼的，以及关于某项特别事务的委员会；因为既然有许多特殊的小议事机关，却只有一个国家的议会（如在西班牙就是这样），那它们实际上就等于常设委员会，只不过它们的权力更大些罢了。那些特殊职业的专业人士（如律师、海员、铸币者等）应当先到常设委员会报告，然后再在适当的时机向议会报告。

并且他们不可成群而来，也不可带有傲慢不逊的态度，因为那样无疑是对议会示威胁迫，而不是陈述汇报了。安排座次是沿一条长桌，还是围绕一张方桌，或是依墙排列，这些好像只是形式问题，但其实却有实质的不同；因为如果在长桌边开会，坐在上端的少数人实际上就可以指挥一切；但是如果用其他形式排列座次，那坐在下首的人的意见也可以获得采纳了。一位君主在主持会议时，应当注意不可就付议的问题透露自己的倾向，否则那些议事官就会投其所好，见风转舵，这样他得到的将不是群臣独立自主的意见，而只是一曲"吾将愉悦我主"。

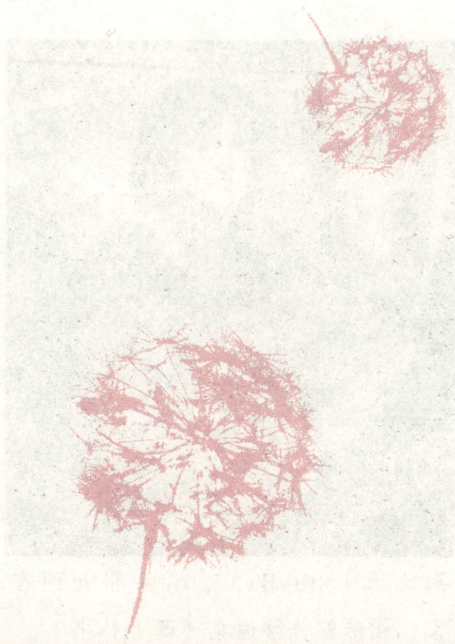

论迟延

幸运有如集市，你如果能够在那儿多逛一会儿，物价就会下跌；可是，有时它又像西比拉卖的那套预言集一样，她起初先将书整套出售，然后就渐次烧掉其中的几册，却仍保持原来的价格不变。

因为正如谚语所说，起先机会给你前额的头发而你不抓，就只剩下光秃的后脑勺了；或者退一步说，它先把瓶子的把手给你，如果你不拿，就只能拿滚圆的瓶身了，而那无疑是很难拿住的。凡事如果能一开始就把握时机，那就是最大的智慧了。如果危险看来无关紧要，往往并不是真的无关紧要；而虚惊一场的危险往往比真正迫在眉睫的危险要多得多。不

西比拉（Sibylla），古希腊女预言家，相传曾作神谕集《西卜林书》。

但如此，即使危险并未临近，而迎头出击也比一直监视着它的迫近要强，因为如果一个人监视时间过长，很有可能会放松警惕而睡着的。另一方面，如果被幻影所迷惑而出击过早（比如在月亮很低，将敌人的影子拖长时，就曾有过类似情况）；或者过早地提高戒备而导致打草惊蛇，那又是一种极端了。如上所述，时机的成熟与否必须时时深思熟虑；一般而言，最好把一切大事的开端交给百眼的阿耳戈斯，而把事情的终结交给百手的布瑞阿柔斯；因为前者的职责是严密监视，而后者的职责是雷厉风行。可以使人隐身潜形的普路托的隐身帽，对于从政者而言，就是在议论时的隐秘而在执行时的迅速。事情到了付诸实施的时候，行事迅速就是最好的保密方法，这就好像出膛的子弹一样，它在空中飞行的速度之快，是人眼力所不能及的。

论狡诈

我认为狡诈是一种邪恶和畸形的智慧。一个狡诈的人与一个聪明人之间，确实存在很大的差异，这个差异不仅在诚实与否，而且体现在才干上。在牌桌上，有些人善于在配牌时捣鬼，其实牌打得并不好；在官场上，有的人善于结党营私，但在其他方面却一无所长。了解别人的脾性和习惯是一回事，而明白事理是另一回事，因为有许多人对别人的脾气揣摩得十分周到，但真正办起事来却并不能干；一个研究别人多于钻研书本的人，其性质就是如此。这样的人比较适合搞阴谋而不适于公开议论，而且他们只在自家的"球道"上能滚出好球，如果让他们转而对付新的人物，他们就会毫无把握了。因此，以前那条辨别智愚的准则——"把他们两个都赤裸裸地派到生人面前去，你就可以看得出了"——对于他们刚好适用的。由于这些狡诈的人就像小贩一样，所以我们不妨把他们所卖的商品都列举出来。

狡诈之术的要点之一，就是在与人谈话时用眼睛不断地观察对方；就如同耶稣会会士训练中所教的一样：因为世上有许多聪明人心虽能保密，但脸上的神色却显露了一切。然而进行这种察言观色时往往需要装得恭顺地低眉敛目，耶稣会会士就经常会这样做。

还有一个要点是，当你有紧急的请求需要当时办理时，要先东拉西扯地取悦负责此事的人，使他不至过于清醒而拒绝你的请求。我曾认识一位枢密院顾问兼国务大臣，他每次去请求伊丽莎白女王签署批准什么文件的时候，都是先引女王与他谈论国事，这样一来，她就没心思关注那些要她签署的文件了。

同样地，还有一种出人意料的方式，就是趁某人忙得不可开交之时，向他提出某项请求，这样他就无法停下来仔细考虑所提之事了。

如果一个人恐怕别人即将出色而有效地提出某件事，所以想要加以阻挠的话，最好是装出很赞同此事的样子，并且自己将它提出，但是当然要采用一种适得其反的方式，以防止这件事获得通过。

正欲有言而突然中止，一如忽然制止自己似的，这足以使那与你交谈的人兴趣增加，更想知道你所说的事情。

要说什么事情而突然停下不说，仿佛意识到自己失言的样子，如此便会使听话的人兴趣倍增，更想进一步了解你所要说的事情。

由于人们总以为那些询问打探出来的事情，比当事人主动说出来的事情更为可信，因此，你可以设下诱饵引诱他人探询发问，方法就是装出一副与常日不同的脸色，使别人有机会问你为什么脸色不对；就如同尼希米当年所为："我素来在王面前没有愁容。"

在难以启齿和令人不快的事情上，最好是让那些说话没什么分量的人先把事情捅破，然后再让说话有分量的人装作碰巧介入的样子，这样可使听者就别人所说的事向他发问。例如那尔奇苏斯要向克劳狄报告梅萨丽娜和西利乌斯的婚事时就是这样做的。

欲言某事，而又不愿把自己牵扯其中的话，一种狡诈的办法就是借用世人的名义；譬如说"人家都说……"或"外面有一种传说……"。笔者就认识一个人，他在写信的时候，总要把最要紧的事情作为附言写在信末，好像那是一件附带提及的事一样。笔者还认得另一个人，他说话的时候总是把最想说的话先放在一边，海阔天空地扯上一阵，然后再说正题，而且说得就好像是在讲一件差点儿忘了的事情一样。

有些人想对某人耍点心计，就会在那人出现的时候故意装出惊惶之态，好像那人是不期而至一样；并且他们还会故意手拿一封信，或者做某件他们不常做的事，以使那人向他们发问，然后他们就可以把想说的话说出来了。

还有一件狡诈之术，就是自己先说出某些话来，为的是让某个人听见后到处去学舌，然后再以此为由陷害那个人。笔者就认识两个人，在伊丽莎白时代相互夺取部长一职，然而他们表面上依然交好，而且常常互相商量这件事；其中一个就说，在王权衰落的时代当部长是件不容易的事，所以他并不怎么想坐这个位置；另一个立刻就学会了这些话，并且对他的许多朋友说，他没有理由在王权衰落的今日还想做部长。最初听见这话的人抓住时机，设法让此话传进了女王的耳朵里，女王一听"王权衰落"之语就大为光火，从此以后再也不肯听那另一个人的请求了。

另外还有一种狡诈，我们英国人把它叫作"锅里翻猫"，就是说，甲对乙所说的话，却被甲硬赖成是乙对他说的。老实说，这样的事若在两人之间发生，而没有第三者，我们想要弄清楚到底出自谁人之口，是非常不容易的。

有些狡诈的人有一种伎俩，即以否认的口吻自我表白，从而影射他人，就像说"我是不会干这个的"。例如提格利努斯替布鲁斯说话就用过这种方式，他说："他对陛下并无二心，只是以皇上的安全为念。"

有的人常备有一肚子的奇闻典故，所以无论他们要暗示影射什么事，都能把它用一个传闻包裹起来；这种办法既可以保护自己，又可以使人乐于去传播他所讲的话。

把自己想要得到的答复，先自己说出一个大概来，这也是狡诈的上策之一；因为这样就可使答话的人少些为难。

有些人在想说某话之前，拖沓延迟之久、迂回绕弯之远、东拉

圣保罗大教堂位于伦敦，在培根时代是人们散步、聚会和谈生意的场所，如同市肆一般。

西扯之多都令人不可思议。这是一种很需要耐心的办法，然而效果往往也很显著。

一个突如其来的、大胆的、出人意料的问题的确能使人大吃一惊，使他在措手不及中暴露心事。这就好像有人改了名字之后在圣保罗教堂走来走去，而另外一个人突然来到他背后呼唤他的真名，那时他肯定会马上回头去看的。

狡诈的这些小花招、小伎俩可谓不计其数，把它们一一列举出来也是件好事，因为一国之中再没有比把狡诈之徒当作明智之士为害更大的了。

但是，世间确有这样一些人，他们只知道事情的起始与终结，但却不能进一步弄懂其中的缘由，就像一所房子，有很方便的楼梯和门户却没有一间像样的房间一样。所以常可见到，这样的人在做决断时找到许多可以取巧规避的漏洞，却完全不能对此事务进行审察论证。然而他们通常利用自己的短处，使人相信他们能够发号施令，善于替人做决断而不擅与人讨论。有些人做事的基本方法就是欺骗他人和（如上文所述）在他人身上玩花招，而不在乎自己处理事务是否坚实可靠。但所罗门有言，"通达人的智慧，在乎明白己道。愚昧人的愚妄，乃是诡诈。"

论自谋

　　蚂蚁是一种很会为自己打算的精明的动物，但是对于果园或花圃来说，它就是一种祸害了。那些过分自私的人也无疑是有害于公众的。所以一个人应当把利己之心与利人之心理智地加以区分，对自己要忠实，但也要于人无欺，尤其是对君王与国家更是如此。把自己的私利作为一切行动的中心，这是很不好的，这就像地球固定绕自己的地轴旋转一样，而其他一切天体则是依其他物体的中心而旋转的，并且对这些物体是有益的。一切以自我为标准，这对于一个君主还情有可原，因为君王并不仅仅代表他们个人而已，他们的祸福与公众的安危

古罗马大将庞培曾辅佐苏拉，苏拉死后即掌握罗马兵权，创下丰功伟绩。后他与恺撒争权，兵败逃往埃及，为埃及人所杀。

也息息相关。但是这种情况若是出现在一位臣仆或一个共和国公民身上，那就是一件极其恶劣的事了。

因为，无论何事一经过这样的人之手，他一定会将其因自己的私利而加以歪曲；而这种歪曲通常与君王或国家的利益相违背。因此，君王或当权者应当选择没有此种劣习人作臣仆，除非只让这种人做一些无关紧要的琐事，那是可以有例外的。谋取私利的最大害处在于，会使事务完全失当。倘若先顾臣仆的利益，后顾及君王的利益，这已经很不恰当了；然而有的人竟只顾臣仆之小利而不顾君王之大利，这就为害更烈了。而这正是那些不良官员、财吏、使节、将帅以及其他贪官污吏的行径；蝇头小利使他们偏离正道，为了自己的小利或私怨而破坏君王的大业。而总的说来，这班臣仆所得到的好处不过与他们个人的幸运相称而已，但是他们为那点好处所牺牲的公利却与君王的祸福相当了。正如俗话说的"引火烧房只为烤熟自家的鸡蛋"，极端的自私者的本性确实如此；然而这样的人往往能得到主人的信任，因为他们的心思全放在揣摩逢迎主人的心思，从而替自己捞取好处上，为了哪怕一点点好处，他们都会置主人的利益于不顾的。

善于利己的形形色色的小聪明，说到底是一种最卑鄙的聪明。它是在房屋倒塌之前先逃走的老鼠的聪明，它是驱逐为自己挖洞造屋的獾的狐狸的聪明，它是在要吞噬猎物时落泪的鳄鱼的聪明。但是值得注意的是，那些"爱自己甚于任何旁人的人"（如西塞罗论庞培之言）往往是不幸的。他们虽永远为自己而牺牲他人，并且自以为用智谋缚住了祸福之神的羽翼，但他们终归还是会成为变化无常的命运的牺牲品。

论变更

一切生物初生时都其貌不扬，一切的变更也是如此，因为变更中的事物就是时间孕育的产儿。但尽管如此，如同初创家业的人总是比他们的后代要强，最初的先例（如果它是好的）也是不易通过模仿而达到的。因为对误入歧途、尚未归正的人心来说，"恶"具有一种自然的驱动力，这种驱动力在持续的过程中表现最强；而"善"所具有的却只是一种勉强的动力，只在起始时最强。每一种药无疑都是一种创新的产物，不愿用新药的人就得做好害上新疾病的准备，因为时间

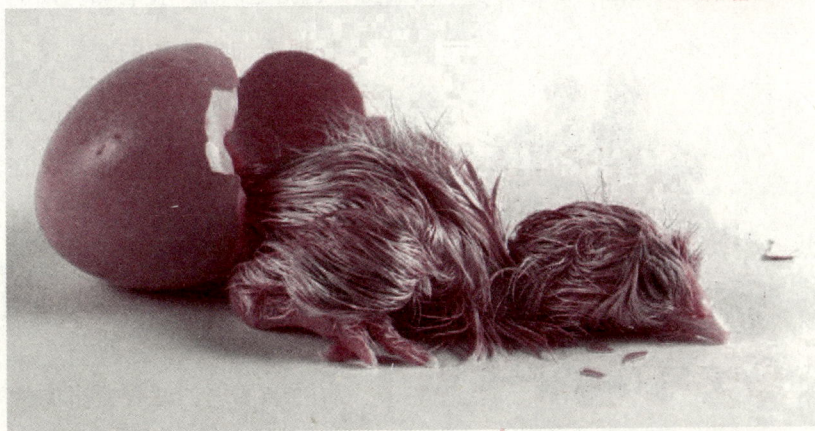

初生的小鸡。一切生物初生时都其貌不扬，一切的变更也是如此。

是最伟大的革新家。并且，假如时间会自然而然地使事物颓败衰亡，而人的智谋与言论又不能使其更新改良，那结局就将不堪设想了。习俗所规定的东西虽不一定优良，至少还算适合时世，这是千真万确的，而且长期并行的陈规旧俗好像是互有关联的，而新生事物则与它们难以和谐融洽，所以它们虽有效用助益，也会由于与旧例的不融洽而引起纠纷。再者，新生事物就像是远方来的外国人，虽然受人艳羡，可是不太受人欢迎。假如时间是停滞不动的，这些话当然正确无疑；可是时间是转动不停的，所以，固守旧习与改良革新一样可以引起动荡；而过于尊崇旧时代的人将成为新时代的笑柄。

因此，人们在革新之中最好能以时间为榜样。时间确实常常有大的更新变革，但是它表现得平静安详，并且进行得非常缓慢，几乎不为人所觉察。如若不然，所有新事物都将被认为是出乎意料的事物，有所改进就必然会有所损坏，从中得益的人将视之为幸运，从而归功于时间；而受损失的人就会视之为怨仇，而归罪于改革者了。还有，除非是极为必要，或者功效十分明显，最好不要在国家中试行新政；并且应当注意，必须是改革的必要引起变更，而不是喜新厌旧的心理矫饰出改革的必要来。

最后，还要注意，革新的举措虽不一定要予以排斥，却应当将其当作值得怀疑的对象；并且，如《圣经》上所说，"我们立足于古道，然后瞻顾四周，见有正直的大道，然后行于其上"。

时间是最伟大的革新家。

论敏捷

　　急于求成是做事时最大的危险之一，因为它就像医家所说的预先消化或过速消化一样，一定会在人体中留下酸液，从而埋下各种难察的病根。因此，不可以用所费时间的多少作为衡量办事敏捷与否的标准，而应当以事情的进展程度作为标准。譬如在赛跑中，人奔跑的速度并不取决于步幅的大小与举腿的高低；同样地，办事迅捷的方法在于专心负责，而不在于一次包揽多桩事务。有些人一心想显露自己能在短时间内完成许多事，或者把没办完的事装成已经了结的样子，以此显示他们办事利索。然而，通过精打细算来节省时间是一回事，而通过偷工减料来缩短时间又是另一回事。与此类似，好几次会议讨论的事常常会反复多次，而找不出一个固定的处理办法。笔者就认得一位智者，他每当看到人家急欲达成一个决议时，常常会说："稍待一会儿，如此我们就可以早点完事了。"

　　在另一方面，真正的敏捷是非常宝贵的事。因为时间是衡量办事效率的标准，一如金钱是衡量货物价值的标准；所以如果做事不够敏捷，那此事做成所付的代价一定很高昂。斯巴达人和西班牙人曾以慢条斯理著称，所以俗语有"让我的死神来自西班牙"，因为

古希腊瓶画中的赛跑运动员。在赛跑中，人奔跑的速度并不取决于步幅的大小与举腿的高低。

这样的话，那我的死亡一定来得很慢。

最好耐心听取有关人士对于有关事务的直接汇报，如有指示应当在汇报之前说明，切不可在他们说话之中打断人家；因为被人搅乱讲话思路的人，往往会重复前言，颠三倒四，而且与他顺着自己的思路说下去相比，被人打断话头之后边回忆边讲述，将变得冗长乏味。所以我们常见那些控制他人发言的人，往往比发言者本身更为可厌。

一再重复说过的话，多半属于浪费时间。但是，再没有比反复强调问题的实质更能节省时间的了，因为这种办法把许多冗赘无关的话都排除掉了。言辞冗长而细碎，就如穿着宽袍长裙去赛跑一样。开场白、承上启下的套话、自我解释的话，以及其他关于发言者本人的言语都是非常浪费时间的东西；而且，它们虽然看起来是在谦虚，而其实是一种卖弄炫耀。然而，在别人可能有阻挠或反对之意的时候，却不可过于开门见山地表明观点，因为先入为主的偏见总是需要几句开场白的，就好像一种为使药膏生效而事先使用的热敷剂一样。

最重要的是，有条不紊、各司其职和有所选择，乃是办事迅捷的关键所在，只要分析工作时不要过于精细就行了。因为不善分析的人就不会治事，分析过细的人则永不会把事情办清楚。选择时机就等于节省时间；而不合时宜的举动则等于乱放空炮。办事一般都有三个步骤，筹划、讨论或审察，以及实施。如果要求速度，那么在这三项之中，只有中间一项可以由多人合作完成，而第一项与最后一项则只能由少数人担任。把要讨论的事先写成提纲，然后再照此进行议程，在很大程度上有助于提高效率，因为即使所写的意见或计划被完全抛弃，然而有所否定的决议也比漫无定见的讨论更有指导意义；这就像柴灰比尘埃更有肥田之效一样。

欲速则不达　《论语·子路》："无欲速，无见小利。欲速则不达，见小利则大事不成。"

论貌似聪明

历来有一种看法，以为法国人实际上比看上去聪明，而西班牙人看上去则比实际上要聪明。但是，不论这两国之间的差异是否如此，人与人之间的情形却的确是如此的。圣保罗曾这样谈到敬虔："有敬虔的外貌，却背了敬虔的实意。"所以，世上有些人在智慧和能力方面没什么作为或所为甚少，但外貌却一本正经，只能"极其费力地做点小事"。这些徒有其表的人利用什么样的手段和方法，竟使华而不实的表面看起来像是有深度有体积的实体，这在有识见的人眼里，真是一件可笑而值得写进讽刺文章的事。

他们中有些人为人处世非常隐秘，就像他们的货色只能在暗处才能拿出来给人看似的；而且他们似乎常常怀有心事而不肯明言；他们心里虽然对所说的事不甚了解，但却偏要装模作样，要让人家以为他们懂得许多不能明说的事理。

有些人之所以显得聪明，完全是借助于表情和手势的，就像西塞罗说庇索的话一样："你说你不赞成虐待之时，你的一条眉毛耸到前额，另一条眉毛弯到下颏。"有些人以为讲话时使用伟大的字眼儿，说话的语气不容置疑，从而将自己本来无法证实的话视为千真万确，这样就可以成为智者。有些人对于一切他们不懂的事物都不屑一顾，或者视之为无聊或离奇的东西加以蔑视，以为这样，他们的愚昧无知就可冒充见多识广了。有些人总是有与众不同的见解，他们通常以诡辩糊弄世人，借此回避所谈论的主题，对于这种人，杰利乌斯曾说他们是"一个疯子，一个用字句上的穿凿而破坏大事的人"。而柏拉图也在他的《普罗塔哥拉篇》中，将普罗蒂库斯当作这种人的代表，进行过嘲讽。柏拉图让此人发表了一篇演说，从头到尾全是分别异同的辩论。一般而言，这样的人在议论中，总是喜欢站在否定的一方，并企图通过表示反对和预示困难而获得声望。因为各种提案一经否决就算完了，但是它们一旦被通过，那就要开始新的工作了；这种假聪明实乃国家大业的祸害。

总之，任何一个生意萧条的商人或倾家荡产的浪子，为了保持他们富有的名声所使用的手段，都没有这种虚伪的人为了保持他们的才名所做的那样诡计多端。貌似聪明的人也许可以通过玩弄花招得到名声，但是最好谁也不要任用他们，因为，即使任用一个有点愚笨荒唐的人，也比用一个徒有其表的聪明人要强得多。

柏拉图学院

论消费

财富的用途是消费，而消费的目的是荣誉或善行。因此，大笔的花销应当以原因和用途的价值为度，如果是为了国家，那就和为了天国一样，也是可以自甘贫乏的。但是日常的消费则应当以一个人的财产为度，要管理得当，不要入不敷出，不要被仆役欺骗；还得尽可能安排得体面，务使实际的花销低于外人的估计。无疑，一个人如果仅仅想实现收支平衡而不至贫困的话，他日常的支出应当是他的收入的一半；但若是他想变得更富有，那他的支出就应只占

中世纪欧洲的艺术品商店

收入的三分之一。即使是显要的大人物亲自检点自己的财产也不算卑琐而有伤大雅。有些人不肯做这样的事，不仅是因为疏忽大意，也有的人怕发现自己已经破产而平添烦恼。但是，如果身体上有了创伤而检查，那就谈不上治疗和痊愈。完全不会清点自家财产的人比须要用人得当，还应经常更换奴仆，因为新雇的人多半比较胆小而较少奸诈；他们还应当对自己的所有收支数字做出明确的规定。

一个人如果在某一方面花销比较大，那他必须要在其他方面厉行节约。例如，他在吃喝方面爱花钱，那他就应当在衣着服饰上节省；他如果爱在居室住房上花钱，就应当在马厩上节省，因为如果每一处都大手大脚，就难免会入不敷出、家道中落的。

一个人在清偿债务的时候，如果操之过急，想要一举还清，那就和久欠不还一样有害。因为急于廉价变卖和多付货物利息一样都会带来亏损。而且，一举而还清了债务的人很容易再走上借债的老路，因为他一旦发现自己终于卸下了债务负担时，就很可能会故态复萌的。而一点一点还清债务的人，却可以借此养成节俭的习惯，他的头脑和财产将同时获益。凡是有财产需要妥善经营的人，切不可轻视小节的。一般而言，与其卑躬屈尊地追求小利，还不如减少零星的花费更为体面。一个人的某项支出如果一旦开始就必须长久坚持下去，那他就要非常小心，不可贸然担承；但是在那些一次性的消费上，则不妨慷慨大方一些。

贵族妇人

论养生

养生之道，并非医学的规律所能完全概括。一个人通过自我观察，发现什么对自己有益而什么对自己有害，这才是最好的保健药品。但是最后得出的结论最好是"这个对我的身体不好，因此我要戒除它"，会比"这个好像对我没什么害处，因此可以不用管它"要安全得多。因为少年时代的血气方刚往往可以容忍过度纵欲的行为，然而行为无度无异于欠下一笔旧账，到年老时是要偿还的。所以应当留心年岁的增长，不要以为自己永远可以做和过去同样的事情，因为年岁是不可忽视的。饮食习惯的主要部分不可突然改变，如果非变更不可的话，那么其他的部分也必须同时变更，以便营养搭配合宜。因为在自然界和国家事务上有一种相通的秘诀，那就是变更一部分不如整体革新来得安全。应该经常审视自己平日的饮食、睡眠、运动、穿着等诸多习惯，并且把其中你认为有害的习惯逐渐戒除；但是在此过程中，如果变更使你感觉不适的话，那也不妨故态复萌；因为要想把普遍认为有益健康的习惯，与那些对个人有益并且于身体相宜的习惯严格区分开，是很不容易的。

在吃饭、睡觉和运动的过程中，保持心境坦荡、精神愉快，乃是长寿的秘诀之一。对于心中的情感和思想，应该避免嫉妒、焦虑、忧愤，避免深奥的研究、过度的欢乐和暗藏的悲哀；而应当在心中常存希望、愉快而非狂欢；经常变换的乐事；好奇与仰慕，以保有新鲜的情趣；以光辉灿烂的事物充满人心的学问，如历史、寓言、自然研究等。

如果你在健康的时候完全摒弃吃药，那么一旦生病需要吃药时，你的身体将会由于对药物过于生疏而产生不适。如果你平日就用药过度，到疾病来时，吃药将不会产生显著的疗效。笔者认为，与其经常服用药物，不如按季节变更食物，除非服药已经成为习惯，因为各种不同的食物可以健体益气，而不会对身体有害。身体一旦出现任何新的症候，都不可轻易忽视，而要及时求医问诊。生病的时候应该注意调养，健康的时候，应该加强活动，因为平日习惯劳作的人即使患上小病，只要节制饮食、注意调养就可以自愈了。塞尔苏斯教人延年益寿之道，最重要的一点就是，一个人应当经常变换和尝试各种截然不同的生活方式，只是要偏重于对人有益的那一种；比如，可以时而禁食、时而饱餐，但更偏重于吃饱；时而熬夜、时而早睡，但是更偏重于早睡；时而安坐、时而运动，但是更偏重于运动；诸如此类。塞尔苏斯如果不是一位身兼哲人的医生，专以医生的身份他是不会有这种见解的。按照他所说的去做，即可增强天生的体质，又可以防止疾病。

有些医生对病人的脾气过于纵容迁就，以致难以迅速取得疗效；还有些医生则过分遵照医书药理，以致对病人的实际情况不予充分考虑。最好选择一位介于二者之间的医生，如果没有这样的良医，则可以两种人各请一位再加以综合。此外，有病时固然要请医术高明的名医，也不可忘了最熟悉你的身体的那个医生。

论猜疑

人心中的猜疑就像鸟类中的蝙蝠，永远只在黄昏出现。猜疑之心的确应当消除，至少也应当加以节制，因为它会迷惑人的心神，使人疏远朋友，而且扰乱应办的事务，使之无法顺利完成。猜疑使君王更易施行暴政，使丈夫更易心生忌妒，使智者优柔寡断、心绪抑郁。猜疑不是一种心病，而是一种脑子的毛病，因为即使是天性最勇敢坚强的人也会产生猜疑的想法，例如英王亨利七世就是一例。世上再没有人比他更多疑，也没有人比他更勇健了。不过对于他这种性格气质的人来说，猜疑并不会造成很大的为害，因为这种人对于种种猜疑多半不会贸然接受，而一定会先考察审视，辨明真伪。但是对于生性怯懦胆小的人来说，猜疑之心的滋长则极为迅速。最容易使人生疑的原因，莫过于对实情知之甚少，因此要消除疑心，就应当多多了解真实情况，而不能靠一味压抑猜疑的念头。其实人们究竟希求些什么呢？难道他们以为他们所任用和交往的人都是圣人么？难道他们以为这些人不会为自己打算么？还是以为别人应该更忠于他人，胜过忠于自己呢？由此可见，为了减轻疑念，最好的办法是就把所猜疑的事姑且当真，从而严加防范，另一方面又要将这些疑念完全视为不真似的。一个人应该将猜疑只当成一种防范措施，即使所疑是真，自己也可以不受其害。头脑中凭空滋生的猜疑不过是蜂鸣的嗡嗡声而已，但是别人打小报告、密报而添油加醋助长起来的猜疑，则是带有毒刺的。毫无疑问，在猜疑的密林中，最好的开路方法就是开诚布公地与所怀疑的一方坦诚相见，这样，你就可以比过去更加了解对方，同时又可使对方小心留意，以免再有引人生疑的言行。但是这种办法对于天性卑劣的人是不可行的，因为那种人一旦发现自己受到怀疑，就将永远以假面示人。意大利人说："疑心解除忠实的责任"。就好像说疑心给了忠心一张护照，允许它离去似的；其实，疑心更能激起忠诚之心以祛除加诸自身的嫌疑。

论辞令

有些人往往认为，在言谈中善于折冲辩诘的人就是有才，却不太注意明辨真伪的判断能力，好像知道该说些什么的人，比知道该如何思考的人更值得赞赏似的。有些人善于谈论某个常见的话题，可是缺乏变化，这种老生常谈大多令人生厌，而且一旦被人察觉，就会显得荒唐可笑。善于辞令的人，不仅能够引起他人的议论，而且能用简单几句话收束话锋并转移话题，这样的人真可算是舞蹈中的领舞者了。

在言谈中最好能有所变化。比如在讨论中加以辩驳，在叙述中夹以议论，有时发问，有时酬答，有时幽默诙谐，有时庄重认真，因为一个人如果总是在谈论同一个题目，就像时下所谓"鞭策过度"，就会使听者感到厌倦乏味。

至于诙谐调侃的话，应当注意有几样事物不能充当调侃对象，比如宗教、国事、伟人，以及任何人目前的当务之急，和一切值得怜悯的事。然而有些人无论在什么场合都力求言辞尖锐，刻薄伤人，以为不如此就不能显示他们的机智；这是一种应当加以克制的脾气：

"孩子们，少用刺棒，多拉缰绳！"

一般说来，听话的人应当能辨别出何为咸、何为苦。喜欢讽刺别人，使别人怕他的语锋的人，肯定会因给人留下难堪的记忆而担忧。

在交谈中善于提问的人，不仅将变得多闻，而且会赢得对方的欢心，尤其是当他针对被问者的专长提出问题时；因为这样会使被问者乐于讲话，而他自己也可以不断获取知识。但是他的问题切不可过于艰深烦琐，因为这样提问就成了审问了。还应当注意，要使别人有说话的机会；不但如此，而且如果有人要霸占所有的说话时

最高法院与名妓的身体　弗里内是公元前4世纪希腊的一位名妓，她因渎神被控死罪，面对最高法院的终审，雄辩家希佩里德斯当众扯下她的长袍作为辩护，她秀美的胴体使法官和民众折服，于是一致将她判为无罪。

间，就应当设法转移话题，使别人有机会开口，就像乐师们见到有人跳"欢乐舞"跳得过久时所做的那样。

如果对别人认为你知道的事装作不懂，那么以后你确实不懂的事，人家也会以为你是知道的。在谈话时应该尽量少提自己，而且在提及时应出言谨慎。笔者认识一个人，当他说到他所看不起的某个人时，常说："他一定是个智者，因为他关于自己有那么多话可说。"只有在一种情况下，一个人在称赞自己的同时不会露出丑态，那就是当他称颂别人的长处时，尤其是所说的长处他自己也正好具备的时候。

直指某人的话也应当少说，因为交谈应该如同一片广阔的田野，人可以在里面自由行走；而不该像一条直达某人家门口的大道。笔者就知道有两位贵族，都来自英格兰的西部；其中一位喜欢菲薄嘲弄他人，但是却总爱在家中设下丰盛的酒席宴请客人；另一位问那些曾去他家赴宴的人："老实告诉我，难道席间没有人被他挖苦嘲弄吗？"那个人就会说，席上确实发生了某事某事。于是这位贵族会说："我早就料到他一定会把一桌佳肴都糟践了的。"

慎言胜于雄辩，所以与人交谈时用语恰当、讲话中听，比言辞优美、条理井然更为重要。一个人如果只会滔滔不绝地说一大篇，而不善于发问和酬答，就显得他反应迟钝；如果善于应答而不能侃侃而谈，则显得他浅陋单薄。这就如我们在动物界所见的一样，不善奔跑的动物往往善于转身腾挪，像是猎犬与野兔之间的区别。在进入正题之前铺陈枝节过多会令人生厌，但是如果全然没有铺陈，那又未免太生硬了。

论财富

对于财富，我找不到更好的名字来称呼它，只能把它叫作"德能的包袱"。而拉丁语中的字眼更好——impedimenta（障碍物、辎重、包袱）。因为财富对于德能来说，正如军队的辎重，它对于军队虽然是不可少的，也不可置后，但是却会对行军有所妨碍；并且有时候军队可能会因担心辎重而贻误战机，对胜利造成干扰。巨大的财富并没有什么真正的用途，除了广施众人之外，其余的用途都不过是幻想而已。所以所罗门说："货物增添，吃的人也增添。物主得什么呢，不过眼看而已。"一个人的财富积累到某个限度之后，个人就享用不尽了，他们可以将钱财储存起来，也可以分配或赠送出去，以此换取乐善好施的美名，但是对于他本人来说，这些财富的确没有什么实在的用处。你没有看到世人对于小小的石头或罕见之物开出多高的天价吗？没有看到他们进行了多少铺张摆阔的工作，以使巨大的财富显得有用吗？但是你也许会说，财富可以买通关节，使人免于危险或困厄。如所罗门说的："富足人的财物，是他的坚城，在他心想，犹如高墙。"这话说得极妙，财富在想象中是坚城堡垒，事实上却未必如此。"多财"给人招灾惹祸的时候的确多于替人消灾解难的时候。不要为了炫耀摆阔而追求财富，而应当只寻求那些可以用正当手段得来的财富，并且慎重地使用它，心情愉快地行善布施，并且将它心安理得地留给后人。然而，也不要对财富抱有一种遁世者或苦行僧式的轻视，而应当善加区分，就像西塞罗为拉比瑞亚斯·波斯图穆斯辩护时所说的那样："他对财富的追求，并不是为满足贪婪，而是要得到一种为善的工具。"还应当听从所罗门之言，不可急于敛财致富，因为"欲急速发财的人将不免于不义"。

诗人们的寓言说，当财神普路托斯受到天帝朱庇特派遣时，就会步履蹒跚，行走缓慢；但是当冥王普路托差遣他的时候，他就跑得特别快。这个寓言的寓意就是，用诚实正当的手段致富是很慢的；但是靠他人的死亡得来的财富（比如遗产）则快得有如从天而降。然而，如果把普路托看成魔鬼，这个寓言同样适用。因为当财富是从魔鬼那里来的时候（比如通过欺诈、压迫和其他不正当的手段获取的财富），通常都来得很快。发财致富的途径有很多，大多数都是肮脏卑劣的，而吝啬是其中最清白的一种，但也不能算完全纯洁无罪，因为吝啬使人不肯施舍救济穷人。通过在土地上耕作来取得收获是一种最自然的致富之道，因为这些产物是大地之母的赏赐，不过用这种方法通常发财很慢。然而，如果有钱人肯屈就经营农牧矿产事业，那他的财富肯定会成倍增加。笔者从前认得一位英国贵族，他在当时富甲一方；他拥有大片的草原、牧场、森林，还拥有大型的煤矿、铅矿、铁矿和许多类似的产业，土地对于这位贵族来说就像一片大海，给他带来财源滚滚，而且永不枯竭。

有人说，赚小钱很难，而发大财却很容易，这话一点不假，因为一个人如果已经富有到可以坐等市场好转，可以做成一般人做不成的买卖，还能与人合伙经营年轻人的行当，那他是非大发不可的。

各种普通的生意和正当职业是靠诚实获取财富的，其致富的途径主要有两条，一是勤勉，二是公平无欺。而使用狡猾的手腕做生意所得的盈利却比较可疑，比如趁人急需而抬高价格，贿赂某人的仆役和亲信，用诡计排挤其他的正当商人，诸如此类，都属于奸诈卑劣之举。至于那些对进价斤斤计较，购买价格低廉的东西而不为自己享用，却为抬高价格以卖给他人的行为，可以说是对原来的卖主与以后的买主的双重敲诈。与人合伙做生意，如果选对了合伙人，是很容易致富的。放高利贷也是可靠的获利方法之一，然而也是最坏的方法之一，这种方法使放债的人借他人汗流满面而果自己之腹，而且这种放债人在安息日也在赢利。通过放高利贷发财致富虽然比较可靠，但其实也不无缺陷，因为公证人和中间人之流常常会为了自己的利益而为信用不佳的人提供担保。

如果有幸率先获得某项发明或某项专利，有时也能使人大发横财。比如加那利群岛上的第一个建立制糖业的人就是这样。因此，如果一个人能成为真正的逻辑学家，也就是既有发明之才，又有判断能力，他就可以大捞一笔；尤其是在时局较好时更是如此。仅靠固定的收入是不容易致富的；但把一切财产都放在投机生意上又往往会令人倾家荡产，因此最好能有一份固定收入作为投机冒险的后盾，这样一旦有所损失，也会有相当的支持。

专利与垄断某种货品的销售如果没有法律限制的话，也是很好的致富之道，尤其是垄断者若能预见到某样商品将供不应求，从而抢先大量购进的话。靠向人提供服务得来的酬金，虽然来路最为清白，但是这钱财如果是通过谄谀逢迎等低三下四的行为得来的，那可算是一种最卑劣的财富了。至于从别人的遗嘱及遗产监理权中图谋利益，（如塔西佗说塞内加的话："无子嗣者和他们的遗产都被他捉住并收入网中。"）则比上述的求财之道更为卑劣；因为在前一种情况下，人们卑躬屈膝所奉承讨好的起码还是王公贵族，而后一种人要讨好的都是一些卑鄙小人。

不要相信那些看起来蔑视财富的人，他们之所以蔑视财富，是因为他们对获取财富已经绝望；而一旦他们拥有了财富，会变得比任何人都爱财如命。不要吝惜小钱，因为金钱是长翅膀的，有时它们会自己飞走，你就必须放它飞出去，以便它招引更多的钱财进来。人们在死后通常会把财产或留给亲属子女，或捐给社会；这两种方式都以数量适中为好。给子孙后代留一份过于丰厚的家业，如果他年少而缺乏见识的话，那这份家业无异于一种诱饵，会引来各种凶猛的大鸟环聚于你的子孙周围，伺机捕食。同样地，为虚名而遗赠的大笔捐款和基金，就像没有放盐的祭品；而且不过是"善行"的经过粉饰的坟墓，不久就会从内部腐烂起来。因此，不要以数量作为捐赠的标准，而应当使之与捐款的用途相宜。此外，也不可把为慈善事业捐款的事拖延到死后；因为，只要你认真考虑一下，就能想到这样做实在是慷他人之慨，所花的其实是别人的钱，而并不是自己的钱了。

论预言

我们在这里要讨论的既不是神灵的启示，也不是异教徒的谶语，也不是大自然的预兆，而只是某些说得有根有据，但所言之事的来由不明的预言。女巫曾对扫罗说："明日你和你众子必与我在一处了。"荷马有如下的诗句："然而埃涅阿斯一族将统治所有的海岸，他的子孙，以及他子孙的子孙。"这好像是关于罗马帝国兴起的一个预言。悲剧作家塞内加留下的以下这几句诗，好像预言了美洲的发现：

> 将来会有那么一天，
>
> 海洋将挣脱自然的束缚，
>
> 有一片大陆将开放显现，
>
> 忒菲斯将发现新的世界，
>
> 图勒将不再是极地之国。

波吕克拉特的女儿梦见朱庇特替他父亲沐浴，阿波罗给他涂上膏油，不久波吕克拉特果然被钉在十字架上，太阳晒得他汗流浃背，大雨浇淋着他的身体。马其顿国王腓力二世曾梦见自己把妻子的肚子封闭了起来，醒来后他自己解释说这梦预示妻子将不能生育；但是预言家亚里斯坦德却说，他的妻子怀孕了，因为人们通常是不会封塞住空的器皿的。曾在布鲁图的帐中出现的鬼魂对他说："你将会在腓力比再次遇见我。"提比略曾对伽尔巴说："伽尔巴，你也会尝到统治帝国的滋味的。"在韦斯帕芗的时代，东方流传着一个预言，说是从犹太地出来的君王将统治全世界。这个预言虽然也许指的是耶稣基督，塔西佗却认为它是就韦斯帕芗而言的。图密善在被刺杀的前夜，曾梦见自己的颈项上长出了一颗金头颅，结果他的后继者果然造就了持续多年的"黄金时代"。英王亨利六世曾指着为他端水的少年对人说："这孩子将来会戴上我们现在所争夺的这顶王冠。"这个少年就是后来的英王亨利七世。笔者在法国的时候，曾从一位叫佩纳的医生处听到一个故事，他说法国王太后（她是笃信法术的）曾把先王（她的丈夫）的生辰冠以假名，拿去叫人推算，那术士论断说，这人将于决斗中被杀。王太后听了哈哈大笑，因为不会有人会向国王提出决斗的要求；但是后来她的丈夫竟然真的死于一次骑马比武的游戏，因为与他交手的卫队长蒙哥马利的枪头裂开后，误刺入了他的护面甲中。

笔者在年幼时，也就是伊丽莎白女王春秋鼎盛的时候，就曾听到过一个广为流传的预言，说道：

麻织成线啦，英格兰就"干"啦。（When hempe is sponne, England is donne.）

这个预言的意思大家多以为是这样的，把亨利、爱德华、玛丽、菲利普和伊丽莎白（Henry，Edward，Mary，Philip，Elizabeth）这几个英国君王名字的头一个字母依次排列起来，就成了大麻（hempe）这个字，也就是等到这几位君王的统治结束后，英国便要大乱。感谢上帝，这种情况并没有真的出现，而只是应验在英国国名的改变上而已；因为当今主上的尊号不再是英格兰国王，而是不列颠国王了。在1588年以前，也曾流传过一则民谣，它的意思笔者至今还不很明白。

> 有一天你将看见
> 在巴岛与梅岛之间
> 挪威的黑色舰队。
> 等这个去了之后，
> 英国啊，就用石头与石灰建房吧，
> 因为从此以后再不会有战争了。

大家都以为这个民谣的寓意是指1588年来犯的西班牙舰队，因为据说西班牙王的姓就是"挪威"。此外，雷乔蒙塔努斯曾预言道："88年，一个奇异的年头。"也被普遍认为说的是西班牙舰队的远征，这个舰队虽不能说是军舰数量最多的海上舰队，却力量却堪称最强。至于克利昂的那个梦，笔者则认为那是个调侃的笑话。他梦见自己被一条龙吞噬了；据解释，那龙代表一个曾经和克利昂捣过乱的腊肠贩子。这样的事举不胜举，假如把梦兆和占星术上的谶语都包括在内的话，数目将更为庞大。笔者只是举了几个有凭有据的例证而已。

笔者真正的意思是，对这些东西都应当一笑置之，仅作为冬夜里围着火炉谈天时的话题。不过我说的一笑置之指的是不要去相信它们，而另一方面，对散布这种预言的行为是决不可置之不理的。因为这类预言曾酿成许多灾祸，而且笔者曾见到许多国家都立法对其严厉禁止。预言之所以会得以流传，并被人相信，主要有三个原因。第一是人们只注意这些预言应验的时候，而不注意它们落空的时候；这和人们对梦兆的态度一样。第二，粗略的推测或含混的古语常常会变为预言，而人类天生喜欢预测将来，所以往往把实际推测的事情当作预言，还认为并无妨害。塞内加的诗句就是如此。因为当时已经显然可见在大西洋以外还有广大的地域，而那里很可能不是一片汪洋。在此基础上，再加上柏拉图的《蒂默亚篇》与《克利托篇》中对亚特兰蒂斯的描述，就可以促使人们把上述推测变成一种预言了。最后，也是最大的理由是，这些无数的预言几乎都是假的，完全是无聊的狡猾之徒在事后捏造出来的。

论野心

野心就像胆汁一样，可以令人积极、认真、敏捷、好动——假如它的分泌不受到阻碍的话，但是假如它遭到遏制而不能自由宣泄时，就会变为焦躁甚至恶毒有害的了。同样的，野心勃勃的人如果觉得自己升迁有路，并且仕途坦荡的话，他们就非但没有危险，而且还会忙于公务；但是如果他们的欲望受到阻挠，那他们就会变得心怀怨愤，看人看事都用一副凶眼，而且会在君王的事业受挫时幸灾乐祸；这无论对于君主国的臣子还是共和国的公仆来说都是最恶劣的品性。因此，一个君王如果要任用有野心的人，就必须做到使他们一路升迁而不会降职，但是这种办法难免会有不便之处，因此最好不要用这种野心家。因为这种人如果不能与他们的职务同时并进的话，就会设法使职务和自身一齐变得一塌糊涂。我们已说过，最好不用野心家，除非万不得已，那么接下来就说一说在什么样的情况下，这样的人是不得不用的。

在战争中，必须要重用良将，不管他们具有怎样的勃勃野心；因为他们所立的功劳可以抵偿其他一切。而且，一个没有野心的军人，就像没有刺马轮加身的战马一样。有野心的人还有一个大用途，就是在君王危难或受妒忌时替他做屏障，因为没人会愿意担任这种角色，除非他像眼睛被缝上的鸽子一样，由于看不见周围情况而只顾往高处飞。有野心的人还可以用来破坏一切可与君主争高低的势力，就像提比略用马克罗除掉塞雅努斯一样。

既然在上述情况下非用野心家不可，我们就来说说这样的人应当如何驾驭，以使他们的危险性减小到最低。这样的人如果出身微贱，就比出身贵族的人危险性小；如果天性暴戾苛刻，就比宽厚随和的人危险性小；若是新获提升的人，就比一向有势，从而变得狡黠谨慎的人危险性小。有些人以为君王如果有宠幸的臣子，就是他的一个弱点；但这其实可算是对付权倾一时的野心家们最好的办法。因为当赏罚都出自宠臣的时候，除了他们自己以外，任何人都不会变得权势过重了。还有一个限制野心家的方法，就是任用和他们同样骄横的人，与他们相抗衡，但同时朝中必须有一些保持中立的大臣，以稳定大局；因为如果没有压舱物，那船舱就会颠簸得过于剧烈。君王至少可以鼓励并培植几个出身微贱的人，使他们成为野心家们势均力敌的对手。至于令野心家常怀覆灭之忧而如履薄冰，如果他们天性怯懦，

西塞罗指责野心家卡梯林。

也许这办法是可行的；但是如果他们顽强而大胆，那么这种办法可能反而会促使他们图谋作乱，适得其反。说到铲除那些野心过盛的人，如果国家情势决定需要这样做，但又没有一举成功的把握，那唯一的方法就是不断地对他们赏罚并行，使他们不知道下一步会如何，如同身在密林中一样。

　　说到各种各样的野心，那种专要在大事上出风头的野心比事事都想占先的野心危害要小一些，因为后者往往造成混乱，妨害公务。然而使一个有野心的人忙于事务，比使他拥有众多的拥护者，危险要小一些。想要在能干的人中出风头，无疑是给自己出难题，但对于公众总是有利无害的。但是，图谋使所有人都为"零"，而自己成为唯一比零大的数字，这种人则会导致一个时代的衰退。一个人追求高位，可能出自三种动机：一是为获得济世为善的机会，二是能接近君王与要人，三是能获得发财致富的运气。如果他的动机是上述三种中的第一种，那么他就是一个诚实君子；而能够看出这种动机的君王，就是一代贤主。一般而言，君王和共和国政府在选择大臣的时候，最好选用那些责任感比升官欲强的人，那些出于良心而非为了炫耀而热衷于公务的人。总而言之，应当把好事的野心与愿意服务的雄心区分清楚。

论假面剧与盛会

　　与本书讨论的其他严肃话题相比，假面剧这一类的东西不过是消遣娱乐的玩意儿而已。然而，既然这些东西对君王们是不可缺少的，那么它们就应当典雅优美，而不该铺张俗艳。随着歌声起舞，既庄重而有气概，又悦目而富有情趣。我的意思是说，唱歌的人应该列队站在高处，并且要有弦乐伴奏；歌词也必须符合剧情。唱歌的时候，尤其是在对唱时伴以动作，是非常优美的。不过我所说的动作是演戏而不是跳舞（因为那是一种低下俗气的举动），对唱的声音也应当强健而有阳刚之气（要有一个低音和一个高音，但高音不要高到颤抖的程度），歌词应当高雅雄壮，而不应当过于细致绮丽。几个歌咏队应当相对而立，并且像唱圣诗一样进行多声部的轮唱，其效果会使人非常愉悦。边跳舞边变换队形，以组成各种造型，这是一种幼稚的把戏。总而言之，我在这里所说的都是自然而受人欢迎的表演，而不是那些刻意哗众取宠的小伎俩，这一点是要提请读者注意的。

　　在表演中，布景的变换只要能做到无声无息，就确实能增加美感，并且引起观者的兴趣，因为变换布景可以消除眼睛由于长久注视一物而产生的疲劳。布景应当明亮，尤其是色彩应该不同凡俗而富于变化。剧中的演员，和一切要从舞台上走下来的人，最好在下来之前，都先做些动作，这样能吸引观者的目光，使人怀着极大的兴趣想要看清刚才没能看清的细节。歌唱者的歌声应当嘹亮欢畅，而不应轻柔哀伤；同样的，伴奏的音乐也应当激越响亮，并且安排得宜。在烛光之下，显得最漂亮的颜色有白色、粉红色和一种海水绿色；而亮色的圆点与金箔之类的装饰既不费钱，又能造成灿烂夺目的效果。至于富丽昂贵的刺绣，在烛光之下则显示不出它的精致华丽。演员的服装应当优美，并且应当在演员除下面具后仍然显得合身。这些服装还应当有别于常见的样式，像土耳其装、军装、水手装之类。各幕之间的"反插"不应太长；这些"反插"的题材大多是关于傻子、羊怪、狒狒、野人、怪物、野兽、小鬼、巫婆、黑人、侏儒、小土耳其人、山泽女神、乡巴佬、小爱神、偶像变活人等的。但是若把安琪儿们放在"反插"里，是不够滑稽的，另一方面，把那些丑恶可恶的东西，如魔鬼、巨怪之类放进"反插"，也不妥当。最主要的是，要使这些"反插"中的音乐具有娱乐性，而且有某种奇妙的变化才好。比如在通风不良的闷热剧场中，如果忽然飘来阵阵清香，而不见任何水珠滴下的话，一定会使人觉得愉快而且新鲜有趣。如果能让绅士和淑女同台演出，一组男的，一组女的，则更能为场面增添庄严与新颖。但是倘若演出的环境不够干净整洁，那上述一切努力就都等于白搭。

　　至于马上斗矛和徒步击剑这些比武的游戏，其壮观夺目之处主要在挑战者入场时所驾的战车上，尤其是当这些战车用奇兽拖曳时，比如狮子、狗熊、骆驼之类。这种夺目光彩的产生，有的是仗着入场时的排场，有的依靠服装的绚丽，也有的借助马具及甲胄的熠熠闪光。但是关于这些玩意，我们就不再多言了。

论人类的天性

人的天性常常是隐而不露的，它有时可以被压抑，但很少能完全熄灭。强行压抑天性，会使它在压力减退时产生反弹而越发强烈；只有长期养成的习惯能改变人的气质，约束人的天性。凡是想彻底改变自己的天性的人，给自己设定的目标既不要过大，也不要过小。因为过大的目标将会因为常常失败而使人灰心丧气；而过小的目标，虽然能常常成功，但是最终却会进步甚微。还有，在一开始的时候，应当借助一些辅助手段来练习，就好像初学游泳的人使用漂浮物一样；但是过些时候，就应该努力与困难相抗衡，就像舞蹈家穿着厚鞋练习跳舞一样。因为，假如练习比日常实用还要难，那真正用时就会更加熟练轻松。遇到根深蒂固而难以克服的天性，那就必须下一番功夫：首先，要在时间方面抑制天性，防止一时冲动，就像有人在生气时默诵24个字母以压抑怒气一样；然后再逐渐减少天性发作的次数，就像要戒酒的人一样，从频频举杯减少到每餐一饮，最后才可以完全戒绝。但是如果一个人有足够的毅力和决心，能够一举而使自己得到解脱，那当然是最好的：

最能维护灵魂的自由的人，就是那挣断磨胸的锁链，一举而永免受罪的人。

还有古人的遗训说，应当把天性扭转到相反的另一极端，好像一根弯曲的杆杖一样，这样它再反回来时就会适中，这也不失为一种良策；不过我们得明白，所谓的"另一极端"当然不能是恶德才行。

一个人不可突然给自己强加上一种新习惯，在养成新习惯的过程中应当稍有间歇。一则，这种休息或间歇有助于新的尝试；二则，假如一个德行并不完美的人持续磨炼的话，那他就不仅磨炼了他的优点，连缺点也一并加强了，而且优点与缺点将存在于同一种习惯之中。但是一个人也不可过于相信他已经克服了自己的某种天性，因为天性能够长期潜伏，而遇到机会或诱惑就会重新复苏。就像《伊索寓言》中那个猫变的女子一样，她原本一直娴静端庄地坐在餐桌一端，可是有一只老鼠在她面前跑过的时候，她就立刻故态复萌了。因此若想根除旧习，要么完全避开会诱发旧习惯的机会，要么就常常与这种机会打交道，以免受其牵动。

人的天性在私下里最易看出，因为人们在私下无须伪饰；天性在人感情炽烈的时候也容易显露，因为热烈的感情使人把平日的教训都忘了；在尝试新事物时也最易看出，因为这种情形没有惯例可以援引。凡是天性与所从事的职业相适应的人是有福之人，而那些做着与自己本性不合的职业的人，他们可以说："我的灵魂曾久与天性不合的事物周旋。"在学问方面，对于与自己天性不合而勉强去学的学科，应该为其安排出固定的时间；但是与天性相合的学科，那就不必有什么规定时间,因为他的心思会自己飞到那方面去的,只要剩下来的时间足够研究其他的学问就行了。一个人的天性不是长成有用的药草,就是长成无价值的杂草,所以应当适时灌溉前者,而芟除后者。

论幸运

不可否认，外在的偶然因素常常会影响个人的命运，比如相貌、时机、他人的死亡、施展才能的机会等。但是，一个人的命运主要还是掌握在自己手里，所以诗人说："人人都可以当自己的命运的建筑师。"外界因素中最常见的就是，一个人所干的蠢事，却给另一个人带来好运气。因为没有比借助别人的错误而成功的人成功得更快的了。"蛇如果不吞食蛇，就不能变龙。"显而易见的才德招致赞赏，但是有些秘密隐藏的才能却往往给人带来幸运，那就是某种莫可名状的有效表现自己的能力。也许西班牙语的字眼desemboltura，略能表示出这种能力。只有一个人的天性中没有什么障碍或乖戾，那他的心机之轮才能随着幸运之轮同转，这就是desemboltura的含义了。同此，李维曾这样形容加图："这个人的体力与精力是如此之强大，无论生在什么家庭，他大概会使自己交上好运。"他这样说过之后，又注意到一点，就是加图具有"多种的才能"。因此，一个人只要睁大眼睛留神观察，他就一定会看见"幸运"，因为虽然幸运女神蒙着双眼，但并不是无迹可寻。命运之路有如天空中的银河。银河是由无数小星星汇聚而成的，它们无法一个一个地被人看见，而是一起放出光芒。与此类似，许多微小的美德，或者不如说是能力和习惯，难以被人们觉察到，但正是它们给一个人带来了幸运。这些美德之中，有几种世人几乎想象不到，却被意大利人所注意到了。譬如一个做事从不出错的人，意大利人在谈起他的时候，肯定会在说他的其他素质之余，加一句"他倒真有一点儿傻子气"。确实，有几分装疯卖傻，而少几分质朴真诚，再没有比这两种特性更能使人走运的了。因此，极端忠君爱国的人向来是不走运的，而且永远也不会走运，因为如果一个人丝毫不为自己考虑，那他走的就不会是对自己有益的道路了。从天而降的幸运会造就冒险家和莽汉（法国人将这种人叫作"好事者"或"好动者"，更为传神），但是经过磨炼的幸运却可以造就贤能的俊杰。

幸运是值得尊敬的，即使不为别的原因，也该为了她的两个女儿，"自信"和"名誉"。这两个都是幸运所产生的，前者生于幸运者的心中，后者生于别人的心中。古代的贤者为避免自己的才德招致嫉妒，都习惯于把这些才德归功于上帝或幸运，因为这样他们就可以比较安全地享有这些才德了。而且一个人受到神灵的护佑，那也就可以证明他是一个伟人了。所以恺撒对风浪中的船夫说："你所载的不仅是恺撒，还有他的幸运。"所以苏拉替自己选称号时，不取"伟大的苏拉"，而取"幸运的苏拉"。还有人同时注意到一点，那就是，那些将成就过分地归功于自己的聪明才智的人，多半结局都很不幸。据史书记载，雅典人提谟修斯在向政府报告自己的政绩时，屡次中断报告而加入这样一句评语："这件事与运气无关。"自此以后，他就再没有建立过什么功勋。

恺撒的胜利

世间确有些人，他们的运气就像荷马的诗句一样，其流畅顺利的程度为他人所不及；比如普卢塔克把提摩列昂的运气与阿偈西劳斯和伊巴密浓达的运气相比时，就曾用过这个比方。而人与人之所以运气不同，的确多半是取决于一个人本身的。

论放债

许多人都曾经措辞巧妙地抨击过放债取利的行为，他们说，人类应给上帝的贡献是收入的十分之一，而现在竟让魔鬼占了上帝的份额，这真是一件可悲的事。又说，放债的人是最不守安息日的人，因为他们的犁耙就连安息日都在工作。还有人说，放债的人就是维吉尔所说的那种雄蜂，"他们把那些雄蜂（一群好逸恶劳的家伙）从蜂房中赶出去了。"又有人说，放债的人破坏了人类自失去乐园后的第一条法律，即"你将汗流满面然后才能糊口"，他们却是"借他人面上的汗而得食"的。又说放债的人应该戴上姜黄色的帽子，因为他们已经变成了犹太人。又说钱生钱是有悖天道的，诸如此类。对此，我只有一句话可说，放债只不过是"因为人心太硬而蒙上帝允许的一种事"。因为既然借钱与贷款是不可避免的，而世人的心肠又硬得不肯把钱白白借给别人，那么放债取利的事情便非获准许不可了。另外也有些人不无疑虑地对于银行、个人财产申报和其他举措提出过巧妙的建议，但是很少对放债这件事提出什么建设性的意见。而有益的做法是，把放债的利与弊都摆在眼前，以便我们适当地选择其有利的一面加以利用，这样在走向改良时才不会遇见更糟的事情。

放债的害处有：第一，它会使商人减少。因为要是没有放债这种懒惰的生意，金钱是不会躺在钱箱里不动的，反之，大部分的金钱将被用于商业贸易，而商业正是国家财富的"门静脉"。第二，放债使商人变质。因为，一个农场主假如住在一片地租很高的田地上，他就不能好好地经营这块土地，类似的，假如一个商人能靠高利贷牟利的话，他也就不会好好做生意了。放债的第三个害处，是前两个害处导致的必然结果，就是国家税收的减少，因为税收原本就是随着商业贸易的兴衰而涨落的。第四个害处是，放债会使一国的财富都汇聚在少数人手中。因为放债的人总是能稳稳当当地坐收利息，而其他生意总是有风险的，所以到最后大部分的钱都进了放债人的钱柜了；而一个国家总是在财富分配均匀的时候最为兴盛的。第五个害处，就是放债使土地价格下跌；因为金钱的用处主要就是用来做生意或购置田产，而放债却使这两种事业在半路遭到抢劫。第六，放债有碍于所有的工业企业、改革改良和发明创造，假如没有放债这事从中阻挠的话，金钱就会在上述事业中发挥积极的作用。最后一个害处是，放债取息使许多人破产，会在一段时间以后引起一种全民的普遍贫困。

从另一个角度来看，放债的益处有：第一，虽然放债之举在某些情况下是阻挠商业贸易的，然而在另外一些方面，它却对商业有所促进；因为现在绝大部分的贸易都是由年轻商人靠有息贷款进行的，这是毫无疑问的。如果放债的人把他们的钱收回或者不再放出去，那商业贸易马上就会陷于停顿。第二，要没有有息贷款这种容易借到钱的办法，人们就会因一时的急需而导致突然破产，因为他们将被迫变卖他们赖以为生的资产（无论是田产或货物），而且售价不得不远远低于这些资产的真正价值。所以，放债的行为固然侵害了这些借贷人，但是若没有人放债，那不景气的市场会把他们整个吞噬掉。至于抵押或典当，也是无补于事的，因为有的人不肯无息地收受抵押和典当，如果有人肯接受，那他们的眼睛一定是盯着那些抵押物，准备将其收归己有。记得有一位狠心的乡下富翁常说："让放债的事情见鬼去吧，它使我们无法没收押在手里的产业和证券。"第三也是最后一点，想要借钱而不付利息已经是一种奢望了，而且，如果限制借贷之事，带来的诸多不便也令人无法想象，因此要废止放债的话都是空话。所有的国家都有过这种生意，不过种类与利率略有差别而已，所以取消放债这类意见只能向乌托邦提交了。

现在且谈谈对有息借贷的改进和管理，也就是怎样避免它的害处而发扬它的益处。权衡一下上文所说的利弊，应当在两方面进行调和：一是，放债者的牙齿应当磨得钝一点，使它不至于咬人咬得太厉害；二是，应当留有一个门户，可以鼓励有钱人放债借钱给商家，以使商业能持续并快速地发展。要做到后一点，就应该创立两种利率高低不同的贷款。因为，如果将所有贷款都降为低利率的，对一般的借债者会轻松一些，但商人们就很难弄到大笔资金了。并且还应注意，商业贸易因为获利丰厚，所以有能力担负较高的利息，这是其他各业所不能及的。

要同时达到上述两种目的，做法大致如下：设立两种利率的贷款，一种是为所有人而设的不受限制的低息贷款；另一种是有限制的高息贷款，只为某些人在某些地区从事商业活动而设。因此，首先应当使普通利率减到百分之五，并且公布为不受限制的通行的利率；并且国家应当保证不会对这种借贷施予处罚。这个办法可保证借贷之举不会停止或消失，也会减轻国内无数借款人的负担。并且，这个办法在大体上还将提高土地的价格，因为如果以相当于十六年租金的价格买进土地，一年之内会产生百分之六乃至更高的利息，而这种低利率贷款所产生的利息则只有百分之五。同样的道理，这种办法也将刺激并促进工业的发展和技术改良，因为会有更多人愿意把钱投资到这方面，而不愿用其放债而收取那百分之五的利息，尤其收惯了高利息的人更是如此。其次，应该特许一部分人用较高的利率放债给知名的商人。不过这种特许必须有如下预防措施：一、这种利率即使对于商人，也应该比他从前惯付的利率稍

高利贷者和他的妻子

轻一点，从而使所有借款人都由此减轻一点负担，无论他是不是商人。二、放债者不可是银行或公司，而应当是资金真正的主人。这并非因为笔者憎恶银行，而是因为他们受到某种嫌疑而很难得到一般人的信任。三、国家应对获得这种特许的放债人征收少量的税款，其余的利益则应归放债人所有；只要这种捐税的数目不大，就决不会使放债人失去信心。举例来说，原先收百分之十或百分之九的利息的放债人，宁可将利息降到百分之八，也不会放弃借贷，撇下十拿九稳的收益而去赚取有风险的利润。对特许放债者的数量可以不必限定，不过他们营业的地点却应当限于某几个商业城市，这样一来他们就不能借他人的钱财取利了，也就是说，获特许以百分之九的利率放债的人，就不会把利息为百分之五的普通贷款吸收尽了；因为没有人肯把钱借到远处，或放在不相识的人的手里的。如果有人反对说，以前放债一事不过在某种程度上被人容忍，而笔者的办法几乎要使它成为合法经营了；那我的答复是，公开宣布放债合法，从而对其弊端加以补救和制约，比默认它的存在而任其横行要好得多。

论青年与老年

　　一个人年岁很轻的人也有可能老成而富于经验，只要他不曾虚度光阴。但是这种情形毕竟很少见。一般的情形是，青年人就像人最初的想法一样，总不如深思熟虑的老者见解明智。因为思想也和年岁一样，有少年与老成之分。然而，年轻人发明创造的能力比老年人活跃，而且想象力也比较容易注入他们的脑筋，好像若有神助一般。天生热情奔放、欲望强烈而情绪易感的人，通常未过中年是不能成就大事的，例如久利亚·恺撒和塞普谛米亚斯·塞维鲁就是这样。关于后者，曾有人说："他曾度过一个满是错误——不，满是疯狂的青春。"然而他几乎可算是罗马皇帝中最能干的一位。而天性平和稳重的人，则在青年时代就能建功立业，例如奥古斯都大帝、佛罗伦萨大公科西莫、勒莫尔公爵加斯东等。但另一方面，老年时若还能保持热情与活力，那对于事业来说就是一种极好的气质了。

　　青年人更适合进行发明创造而非作出判断；更适合执行而非决策；更适合新的举措而非旧例陈规。因为老年人富于经验，可以对其经验范围内的事起到指导作用，但是遇到新情况时，则有可能误入歧途。青年人的错误常常会使事情毁于一旦，而老年人的错误，充其量也就是令本可更多更快的结果变得少些慢些而已。青年人在执行或经营某事的时候，常常所包揽的比所能办到的多，所激发的比所能平伏的多；他们往往一上来就直奔目标，而不考虑方式方法和轻重缓急；往往可笑地追逐某种偶然遇见的什么主义，由于轻率地革新而引起新的麻烦；还会在改正错误时一开始就使用极端方法，使所有错误倍增，还不肯承认或加以挽救，就像一匹训练不足的马一样，既不肯停步，也不肯回头。上了年岁的人往往喜欢反对别人，商议事务迟迟不决，冒险过少，后悔太快，并且很少把事务干净利落地彻底完成，只要取得稀松平常的结果，他们就满足了。

科西莫大公出自美第奇家族，年轻时就已建功立业。

无疑对这两种人兼容并用是最好的。这种办法有益于目前，因为双方的长处可以互相弥补他们彼此的短处；也有益于将来，因为在年长者做事的时候，年轻人可以学习借鉴；并且也有益于对外的事务，因为当权的人一般都尊重老年人，而普通人则往往喜欢跟从青年人。

但是，在道德方面也许青年人更为优越，正如在世情方面，老年人更为优越一样。"你们的少年人要见异象，你们的老年人要见异梦。"有一位犹太拉比在讲解这句经文的时候曾推论道，这说明青年人比老年人更接近上帝，因为异象是比异梦更为清楚的一种启示。

无疑，世情如酒，越喝越醉人，而年岁增加对人的益处在于处世能力的增长，而不在美德的增多。有些人过早成熟，但早熟者的长处往往会随着时间流逝而消磨。这类人可分为三种，第一种人早年有点小聪明，但这种聪明的锋锐不久就会变为迟钝，例如修辞学家希摩热内斯，他的著作非常精妙，但是后来他渐渐变成一个愚钝的人了。第二种人具有某种天生的气质，而这种气质只适和年轻人，而不适于老年人，比如流畅丰富的言辞，就是不适于老年人，只适于年轻人的；所以西塞罗曾评论奥滕修斯道："他的老一套已经不再适合于他，但他还是依然故我。"第三种人早年就建功立业，赢得了很高的名望，以致在后来的年月中无法继续保持赫赫声威。例如大西庇阿就是如此，李维曾评论道："他晚年的作为不及他早年的功绩。"

论美

德行有如宝石，镶嵌装饰以素净为宜。有德行的人无疑是美的，他的容貌倒未必姣丽，只要形体娴雅、气概庄严，就是最好的了。同时，相貌绝美的人多半在别的方面没有什么大的才德，仿佛造物主在工作中只求不出差错，而不肯造出十分优越的产物似的。因此，美男子大多容颜可观却胸无大志，只重姿态而不重才德。但是这也并不绝对，因为罗马皇帝奥古斯都和韦斯帕芗、法王腓力普、英王爱德华四世、雅典将军亚西比德、波斯王伊思迈耳都是精神崇高、志向远大的人，同时也是当世最美的男子。

论起美来，美不在颜色艳丽而在面目端正，而举止文雅合度之美又胜于面目端正之美。美到极致，不是图画所能表现，也不是乍看初见所能见识的。所有最美的人，其形体各部的比例，必有异于常人之处。我们说不出阿佩利斯和丢勒两位画家究竟谁更可笑，他们一个是严格根据几何学上的比例来画人的，而另一个则从好几个不同的面孔中撷取最美的部分来合成一张完美的脸。像这样作画的人，我想除了画家本人以外，恐怕无法赢得任何人的欢心。我并不是认为一个画家画不出一张前所未有的绝美容颜来，但是他只能靠神来之笔（就如一个音乐家创作出优美的旋律一样），而不应该借助于固定的公式和规矩。世人都见过这样的人，如果把他们的脸分成一部分一部分地来观察，是找不到一点儿好处的；但是将它们合成整体，这张脸就光彩夺目。

假如美的要素果真在于举止优雅的话，那就难怪有些人上了年纪反而显得比少年人更美了。"美人的秋日也是美的"，如果我们不特别宽容地用青春年少来弥补他们气质优雅方面的缺陷的话，年轻人多半是难称俊美的。美丽有如夏日的水果，容易腐烂，难以持久；而且它往往使青年人放荡，使老年人愧悔；可是，假如美恰如其分地落于有德之人身上，则会使美德更为彰显，而使恶行更加赧愧。

论残疾

身有残疾的人多半会向造物主实施报复，因为造物主待他们已经不仁，所以他们对造物主也会同样不义。他们中的大多数（如《圣经》所说）"天性凉薄"，所以他们对造物主是报了仇了。肉体与精神之间确有应该有一种平衡，造物主在其中一方面若是犯了错误，那么也就不得不在另一方面担当风险。但是由于一个人的精神气质是可以选择的，不像肉体形态那样只能听凭自然的摆弄，所以那些决定气质的星宿有时会被纪律和才德的太阳所掩盖。因此最好不要把残疾看作一种性格的标记或证据（这种情况极易引人上当），而应当把它当作一种原因，而这种原因通常会引起相应的效果。凡是身体上具有招致轻蔑的缺点的人，心里总会产生一种永恒的动力，要把自己从轻蔑之中解救出来。因此所有的残疾人都是非常勇敢的。他们的勇敢起初是为了在受

卡西莫多虽然驼背且长相丑陋，但人格却十分高尚。

人轻蔑时保护自己，但是经过一段时间以后，这种勇气就形成一种习惯了。残疾往往还会激起人的勤勉，尤其会激发人勤于窥伺别人的弱点，以便掌握报复别人的材料。还有，身体有缺陷的人可以消除在上位者对他们的嫉妒心，因为他们往往以为这种人是可以任意轻蔑的；身有残疾还可以麻痹竞争对手，因为他们永不会相信残疾人也有升迁的可能，

传说苏格拉底生来相貌丑陋，但并无残疾。

直到目睹那些人获得提升后他们才肯相信。所以若把一切事情都算在内，对于精神强健的人来说，残疾倒可能是一种使人飞黄腾达的有利因素。

古代的君王们（某些现代国家也有类似情形）常常宠信宦官之流，因为对天下人都心怀妒羡的宦官，往往会对君王一人更为依赖和尽忠。但是君王们对宦官的信任，是把他们当作称职的密探和告密者，而不是把他们当作合格的官员。对于其他的残疾人，上述理由也都适用。无论何时，我们前面说过的那条定律都成立，那就是，如果一个残疾人富有勇气和魄力，他就一定会努力把自己从轻蔑之中解救出来，而所用的手段不是大善就是大恶。因此，残疾之人有时竟是非常优越的人才，这毫不足怪，例如阿偈西劳、苏里曼一世的儿子桑格尔、伊索、秘鲁总督加斯卡都是如此，就连苏格拉底以及许多其他人，也可以归入他们的行列。

说建筑

造房子为的是居住，而不是为了观赏，所以应当先考虑它的实用性，而后再求外观的整齐美观；不过要是可以二者兼而有之的话，那自然就不用拘于此理了。应该把专为美观而设计建造房屋的事留给诗人，因为诗人们可以用笔来建造富丽堂皇的魔宫而花费不大。在糟糕的位置上盖一所漂亮的房子，就等于把自己囚在牢狱里的。我所谓的糟糕的位置，不仅指空气有害健康的地方，而且空气流通不平衡的地方也包括在内。经常可见，许多漂亮的建筑物坐落在一个小丘上，四围都是高山环绕，结果太阳的热量散发不出去，而风也会汇聚在此，就像水自然会向河槽里流去一样；因此在这种地方就经常会忽冷忽热，居者会感到好像住在几个不同的地方一样。再者，地理位置的不佳的因素不仅是空气不良，还有交通的困难和购物的不便，并且，如果你愿意参考莫摩斯的意见，那么坏邻居也是因素之一。还有许多其他不宜居住的因素，我在此就不多说，如雨水匮乏；缺乏林木和荫蔽；缺少果实，土壤贫瘠；没有可观的风景；没有开阔的平地；附近缺少可供打猎、放鹰、跑马的地方；离海边过近或过远；缺少通航的河流，或者有河水泛滥的隐患；离大城市过远而妨碍事务，或离大城市过近而物价高昂（由于大城市消耗的日用品过多）；还要考虑到这个地方可以使人积聚起大片产业，还是局促到使人难以发展：以上这些因素也许不会全都会聚在一处，但还是应该知道这些事情并事先有所考虑，以便在为房屋选址时尽可能把握有利条件；并且，要是已经有了几处房屋的话，也可以以此为参考，加以安排，以便某一处缺乏的东西可以在另一处得以弥补。卢库鲁斯回答庞培的话就说得很好。庞培看见卢库鲁斯的一所宅子中有高大的楼阁和宽敞明亮的房间，就说道："这真是一所最好的消夏别墅，但是你冬天怎么办呢？"卢库鲁斯答道："啊，鸟类都知道在冬天快来的时候搬家，难道你以为我还没有它们聪明吗？"

梵蒂冈宫虽然规模宏大，但其中几乎没有一间优美宜人的房间。

现在由房子的选址说到建造房屋本身。说到这个，笔者欲采用西塞罗谈演说术的办法：西塞罗写过三卷本《论演说艺术》，又写了一本书，题为《演说家》。在《论演说艺术》中，他讲述的是演说术的基本规律，在后一书中则讲了演说术的实践和成就。我们将描述一个君主或王公的官邸，把它作为一个简略的模板。因为在当今的欧洲，虽然有像梵蒂冈宫和埃斯科里亚尔宫这样的大型建筑物，但其中几乎没有一间优美宜人的房间，这种情形是令人不得不惊讶的。因此，若要建造一座完美的官邸，那这座宫邸就必须分成两个部分，其中一部分是举行宴会用的，如《圣经·以斯帖记》中所说的那样；还有一部分是居住的地方。设宴的那部分用于宴饮演剧的娱乐活动，而住家部分则是为居住之用。我所说的这两个部分不一定限于后院，也可作为前院的一部分，并且它们的外墙造型应当一致，虽然内里可以分为几间；同时，它们还应当位于宫邸正面居中的一座高大堂皇的楼阁的两侧的，就像是这座楼把它们连接起来一样。在宴客厅的那一面的正面楼上，我以为只要一间宽敞的大厅，约40英尺高；在这间屋子底下还要有一间同样大的屋子以储藏演剧游艺的各种用品，及作为演员化妆之用。在另一侧，也就是住家的那部分，我以为首先就是隔出一座大厅和一间祈祷室，二者都应该美观而且宽敞，但切不可把所有的地方都占了，在最远的一头还应该分别布置出一间夏天用的和一间冬天用的小客厅，这两个客厅都要相当美观才好。在这些屋子（祈祷室除外）的下面，最好有一个大地窖，还要有些小厨房、事物储藏室、配餐室之类。至于正中间的塔楼，我认为应当有两层是高出两翼之上的，每层高约18英尺，楼顶上应该用上好的铅皮作房顶，周围安装栏杆，并且分设若干雕像；这座塔楼也应该按照需要而分作若干房间。通往上层的楼梯应该盘旋于一根漂亮而醒目的中柱之上，并且周围环绕着木制古铜色的雕像，楼梯的顶端也应当建有很好看的楼梯平台。但是，如果要这样安设楼梯，就不能把下层的任何房间作为仆役们的餐室，或者让仆人们在主人吃过饭以后再用餐，否则他们吃饭时的那股气味会顺着楼梯升到楼上，就像从烟囱里往上冒烟一样。关于房子前部的话就止于此。不过笔者认为，第一段楼梯的高度应该是16英尺，这也就是底层房间的高度。

穿过房子的前部，应当有一个漂亮的庭院，庭院的三面有屋子，而且这些屋子应该远远低于前部的建筑。在这个院子的四角应设有美观的楼梯，安设在角楼里面，而这些角楼要建在一排排的屋子之外，不可与各屋一致。它们还不能和前部的房屋一样高，而应当和其他三边那些较低的屋子相称。院子的地面不宜铺砌砖石，因为这样会使院里夏天很热、冬天很冷，只有四边和院中的十字小径可以用砖砌，其余部分的地面都应当铺上草皮。草皮长起来后应当经常修剪，但是不可剪得太短。在宴客厅那边的厢房可以作为堂皇的陈列室，在这一排厢房中应当有三五个精美的小圆顶阁，并且彼此之间距离相等；并且还应当安装精美的彩绘玻璃窗。在住家的一侧，应当设有会客室和便宴的厅堂，以及若干卧室。而且，这三边的房舍都应该是内外双层，不至于全受到阳光照射，这样无论上午或下午就都可以躲避阳光直射了。此外，还应当设法使房间既宜于消夏也宜于过冬，即夏天有树荫，冬天有利保暖。常常看见一些很好看的房子装满了玻璃窗，简直叫人不知该往哪里去躲避日晒或寒冷。至于凸窗，我以为是很有用的；（在城市里，考虑到房屋临街面的统一，则采用平窗较好）因为在讨论、会商时，凸窗是个僻静的好地方，并且还能避开日晒风吹，因为即使是贯穿全屋的阳光和穿堂而过的风，也几乎沾不着凸窗的。但是凸窗子也不宜过多，上述庭院里最好有四个这样的凸窗，分设在两边，一边两个。

穿过这个庭院，还应当有个内院，面积与上述庭院一样大，高度也应一致。这个内院应当四周都是花园，而且院子里圈的四周都要设有走廊，建筑在匀称美观的拱门之上，其高度与第一层楼相等。在回廊下层临近花园的一面，应该设计一种洞穴或荫凉消夏的处所。这种屋子的窗户都只开向花园，并且要高出地面之上，以避潮气。在这个内院的中间还应该设有一个喷泉或一些漂亮的雕像；而地面铺砌的方法应该与前面那个庭院一致。院中两厢的房屋都应该作为私人的卧室，而两端的房屋则应作为个人的别室。同时必须在这些屋子中预留出几间作为医疗养病的病房，附有住室、卧室、小客厅、后屋，以备主人或某位贵客病时疗养之用。这些医疗病室都应该设在二层楼上。至于平地这一层，则应该有一个用立柱支撑的漂亮而开阔的阳台。在第三层的三面也都应当设有以立柱支撑的开阔式阳台或悬空的楼阁，以便观赏花园的景色，呼吸新鲜空气。

在最远一端与两侧厢房相连的两角，应该有两座华丽精美的小楼阁，地上铺着精致的花砖，墙上挂着艳丽的挂毯，窗上安着晶莹的水晶玻璃，而中间有一个富丽堂皇的圆顶，此外还有一切可以想到的优雅的装饰。在高一层的悬楼上，如果情况允许的话，最好有几股泉水从墙上各处流出来，并且还应设有巧妙的排水设备。

以上就是关于宫邸这一类建筑的意见，还有一样，就是在进入宫邸之前，应该先穿过三个庭院。第一个院子比较朴素，四面有围墙，只铺着绿草；第二个和第一个差不多，不过要稍加装饰，在墙上点缀一些角楼；还有第三个庭院，和官邸的正面合成一个正方形，但周围不要有房舍或墙垣，而三面都要围绕着露台，顶上用铅皮，加以装饰，并且用柱式回廊，而不用拱门支撑。至于办公的屋舍，则应离宫邸略远一些，而附有较简易的走廊，由这些屋舍通到宫邸中去。

说花园

　　万能的上帝是营建花园的创始者。而园艺之事也的确是人生乐趣中最纯洁的一种。它是人类精神最大的补养品，若没有园艺，则房舍宫邸都不过是粗糙的人造品，与自然无关。而且我们常常可见在某些崇尚文明与风雅的时代，人们大多先想到堂皇的建筑，而后想到精美的园林，似乎唯有花圃园林可以使建筑变得完美。笔者认为在营造皇家花园时，应该考虑到一年之中每个月都各有应时当令的美丽花木。为了使十二月、一月和十一月的下半月也有花木可供观赏，必须种植在冬天也常绿的植物：如冬青、常春藤、月桂、杜松、柏树、水杉、波罗蜜树、枞树、迷迭香、薰衣草、夹竹桃（白的、紫的和蓝的）、石蚕花、菖蒲、橘树、柠檬树、桃金娘（如果能保温不使受寒的话），以及在墙下向日之处种植马约兰。在这以后，还应当栽培在一月下半月和二月开花的樱桲树、黄色或灰色的番红花、樱草、白头翁、早开的郁金香、荷兰风信子、小鸢尾、贝母。到了三月则应该有开花最早的香堇菜，尤其是单瓣蓝色的那一种；还有黄水仙、雏菊、杏花、桃花、山茱萸花、野蔷薇。在四月里接踵而至的则是双瓣的白香堇、桂竹香、香紫罗兰、黄花九轮草、蝴蝶花、各种的百合花、迷迭香、郁金香、重瓣的牡丹、淡色水仙、法国忍冬、樱花、李花和梅花、正抽叶的山楂、丁香树等。在五月和六月里则有各种的石竹，尤其是红石竹；还有各种蔷薇，只除了晚开的麝香蔷薇；以及忍冬、杨梅、紫草、耧斗菜、法国万寿菊、非洲万寿菊、挂果的樱桃树、醋栗、结果的无花果树、覆盆子、葡萄花、薰衣草、开白花的香兰、百合草、铃兰、苹果花。七月间则有各种的紫罗兰、麝香蔷薇、开花的菩提树、早熟的梨与结实的李、两种早熟的林檎。八月里来的有各种挂果的李树、梨、杏、伏牛花、榛果、甜瓜以及各种颜色的罂粟花。九月里有葡萄、苹果、罂粟花、桃子、黄桃、油桃、山茱萸、冬梨、楒桲。在十月和十一月初则有楸子、枸杞、洋李，还有通过插枝或移植使其晚开的蔷薇、蜀葵等。以上的花木都是就伦敦的气候而言的，但是笔者的意图是显然易见的，那就是你可以因地制宜，从而营造出一个"永久的春天"。

因为花卉的芬芳在空气中（在空气中传来的花香就像音乐的鸣奏）比在人的手里香得多，所以为了享受闻香之趣，首先要了解哪几

凡尔赛宫花园

种花卉最容易在采摘之前于空气中散布芳香。淡红的和大红的玫瑰都是暗藏幽香的花，所以你很可能走过一大排玫瑰旁边而闻不到一点儿香气，甚至在晨露的浸润下也是如此。月桂在生长期也不会发出香气。迷迭香和马约兰花的香气也不够浓郁。在空气中散发香气最浓，超过其他的一切花草的，就要数香堇了，尤其是白色重瓣的那种。这种花一年中开花两次；一次在四月中旬，另一次在圣巴托罗缪节前后。其次就是麝香蔷薇，再就是将要枯萎凋零的杨梅叶子，它能发一种令人神清气爽的香气。然后就是葡萄花，这是一种小粉花，就像小糠草的粉花一样，开在葡萄穗初发的时候。然后就是野蔷薇和桂竹香，如果把它们种在客厅或楼下卧室的窗下会非常讨人喜欢的。然后就是各种的石竹和紫罗兰，尤其是丛生石竹和丁香石竹。然后是菩提树花。最后是忍冬花，只是闻香时要离远一点才好。关于豆花我姑且不谈，因为它们开在田间，不属于园艺花卉。但是有三种花值得一提，它们最善于在空气中散布芬芳，而并非供人徘徊其侧，而是受人践踏于脚下，它们就是地榆、野百里香和水薄荷。因此尽可以把它们遍植于整条的花园小径上，这样你在散步或踩过草地时就能享受到它们的香气。

　　至于花园（我们现在所说的是王公贵族家的大花园，正如上文所论的建筑一样），其面积不应当少于三十英亩，并且应当分为三部分：首先园门入口处有一片草坪，花园的尽头是旷野或荒地，二者中间是花园的主体部分；此外两旁还有人行的小径。我认为园地中草坪应占四英亩，荒地占六英亩，两边各占四英亩，十二亩作为正园。绿色的草坪可以带来两种乐趣：第一，再没有比修剪平整的草坪更为悦目的了；第二，这绿草坪中间可以提供一条人行道，你可由此走到一片堂皇的篱墙之前，而这道篱墙正是用来围绕正中的花园的。但是因为这条通道不免稍长了一点，并且在炎夏或一天之中最热的时候，你不该为了园中的荫凉而先在烈日下走过草地，所以必须在花园两边各布置一条有荫蔽的通路，由木工装置约12英尺高的架子，这样就可以在隐蔽下进入园中。至于用各色泥土安设花坛，铺出几何图案，把它们摆在临近花园的居室窗下，我认为那不过是雕虫小技，因为你在糖果点心中也常常可以见到同样美妙的图案。

花园的主体部分最好是正方形的，四面用高高的带拱门的篱墙围绕。这些拱门应当筑在木制的柱子之上，约有10英尺高，6英尺宽；并且拱门之间的距离也应该与每个拱门的宽度一样。在这些拱门上还应当有完整的一圈木制篱墙，高约4英尺；在这层篱墙上面，在每个拱门之上，要有一个小角楼，中部圆形凸出，其大小足以容纳一个鸟笼；在两个拱门之间还应该有些各种式样的雕像刻工之类，贴上大片大片的各色玻璃砖，以便反射绚丽的阳光。这个篱墙要建筑在一圈斜坡上，坡度不太陡，而是非常平缓，高约6英尺，坡上遍植花草。并且，这个方形的正园的宽度不应当占据整个园地的宽度，而应当在两边留出空间以建成各种小径，这些小径与上述的那两条有荫蔽的通路相连。但是在这块四方形正园里边决不可有带篱墙的横向径路，因为如果前端如果有树篱，就会阻碍人的视线，使人从前面的草坪望过来时看不清美观的篱垣；而后端的树篱又会使人无法透过拱门看到后面的荒地。

至于大篱墙以内的园地的布置，个人可以别出心裁地安排；不过我有一点忠告，就是不论你把它布置成什么样，最重要的是不可使花木过于繁密，或人工雕琢太过。例如，我个人就不喜欢把杜松或别的什么圆木修建成人或动物的形象，因为那只是小孩子的玩意。我很欣赏低矮的小篱墙，修剪得像圆圆的绳边，中间再剪出一座座漂亮的小尖塔；还有，在一些地方的边缘有木工雕花的漂亮柱子我也很喜欢；而且，我认为园中那些通路也应当宽阔美观。在园子两侧的空地上，也可以营造出狭窄而有隐蔽的幽径，但是正中的花园里却不可有这种小径。在这块花园的正中心，应当有一座美丽的小山，由三段台阶上达山顶，每一段的顶上留出一圈平地来，宽度足以容纳四人并肩而行；这些平路应当环绕小山，而旁边不要有任何屏障或凸出的建筑。整个小山应当有30英尺高，并且上面应当有一座宴客厅，里面有造型简洁的壁炉，并且不要装太多的玻璃窗。

至于喷水池，乃是美丽而令人赏心悦目的；但是水塘之类则会对花园的美观有所妨害，而且会滋生蚊蝇和青蛙，破坏园子的清净和卫生。我认为泉景应有两种：一种是喷水或涌泉；另一种是一个漂亮的方池，三十到四十英尺见方，但是池中不可有鱼、黏土和淤泥。第一种的泉，当今时兴的那些青铜或大理石雕像之类装饰品都是很好的；不过主要的问题却在如何设法使泉水流通，不要积在下面的圆池或水槽里面，以免水变得浑浊，或者聚积苔藓及腐臭之物。此外还应当每天对其进行人工清洁。喷泉的基座上可设石质台阶，四周地面也精心铺砌。至于那种我们称之为"浴池"的池形涌泉，我们可以在上面发挥各种各样的奇思和美感；这些都可以不必细说。比如说，可以在泉水池底用花砖精心铺砌出美丽的图案，池边也可照样铺砌，并饰以彩色玻璃之类亮闪闪的东西；周围再环以雕像等。但是关键问题还是如上述一样；就是要使泉水永远流动，水源应来自较高一层的水池，由一些设计精巧的喷管引入泉池，然后用距离相等的水孔或水管使水由地下排出，不致滞留在泉中。至于那些细巧的设计，使水面凸出池面而不外溢，或使水高高涌起如鸟羽、酒杯、华盖等形状，那都是很好看的，但是对于养生和娱心并没有什么帮助。

至于本是花园第三部分的那片荒地，我认为应当尽可能将其做成天然的荒地。其中除了几丛野蔷薇和忍冬，再杂以野葡萄之类的灌木之外，不应当有任何高大的乔木；地上则可以种一些香堇、杨梅和樱草，因为这些花草都有香气，而且在阴凉的地方长得很茂盛。这些花应该散布在荒野各处，并不要按照一定的条理次序。我还喜欢像鼹鼠丘一样的小土堆（就像真正的旷野中所见的一样）。这些小土堆，有些上面应该播种野百里香，有些生长着石竹，还有些栽种石蚕花，在另一些土丘上则栽种一些虽不名贵但却又香又美的花草，比如长春花、香堇、杨梅、野樱草、雏菊、红玫瑰、铃兰、红色捕虫瞿麦、熊掌花等。一部分土丘顶上还应该有独丛的灌木，品种有玫瑰、杜松、冬青、伏牛花（但是这花只可用于点缀，因为它的香气过浓，使人闷恹）、红醋栗、桃金娘、迷迭香、月桂、野蔷薇等。但是对它们都应常加修剪，以免长得过分凌乱。

至于正园中两侧的辅园，其中应该多设各种的幽静的小径通道，有些可完全被植物遮蔽，阳光从任何方向都射不进来；有些可以建成避风通道，以便遇到大风骤起的时候走在里面就像走在室内走廊中一般。前一种的通道的两端还应当用篱墙围上，以阻挡狂风，而后一种的通道则必须要用细石砂砾铺垫，而且路面不要长草，以免带有露水沾湿鞋袜。在这些小径两旁的花坛上，也应当栽植各种果树，使它们或攀缘墙壁，或自成行列。不过有一点应当特别注意，就是种植果树的花坛应该宽阔而低矮，其中也可种些名贵的花草，但是不要种得太密，否则恐怕就会与果树争肥。在两旁辅园的尽头，我认为应当各有一座不太高的小山，其高度使人立在上面时园墙也不能高过人的胸部。人登上这些小山，就可以观赏四周田野的风光。

至于正中的花园，有人主张两边应当有栽种果树的小径，园中也应当有些栽着果树的漂亮小山，并建有带座位的凉亭，这一切都须安排得宜。对于这种说法我并不反对，不过这些东西切不可过于密集，无论如何不能让正中的花园布局过于繁缛，而应当使其中的空气流通无阻。因为，如果想要荫蔽，应当利用两侧辅园那些幽僻的小径，假如一个人愿意的话，他尽可以在热天到那些小径上去散步；但是他应当考虑到正中的花园是为一年中较温和的季节而设；在夏天，这部分则是为清晨或阴天而设的。

对于鸟埘一类的东西我是不大喜欢的，除非笼子的大小可以容地下铺草皮并且栽种各种花草和灌木，这样，所养的鸟儿们有活动的余地，并且有自然的栖息之所，鸟埘下的地面上也不至于见到鸟粪污秽的情形了。

如上所言，我已经替一个王公贵族家的大花园提供了一个设想。我所用的方法一部分是描绘，一部分是规划，我所规划的不是一个具体的模型，而是它的轮廓。而在此过程中我也没有想到节省费用的问题，但是这在王公贵族们是不成问题的。他们多半采取匠人的各种建议，把各种东西七拼八凑地造出一座花园来，其费用并不见得比我设想中的便宜；有时他们还增加雕像之类的东西，目的只是为了堂皇富丽，不过对于真正的园林雅趣却是没有什么帮助的。

说交涉

与人交涉时直接当面说通常比书信接洽效果要好，由第三者出面比本人亲自去办要好。在一个人想得到书面回答的时候，和希望得到书面证据以便日后为自己辩护的时候，以及谈话有可能受阻中断或被断章取义的时候，用书面信函进行交涉比较适宜。而在一个人的仪容威严颜面可使对方肃然生敬的时候（如身居上位者对于下属）；或者在极其微妙的情况下，一个人必须看听话者的脸色才知道说话分寸的时候；还有，在谈话者想要保留对自己的话予以否认或解释的自由之时，当面洽谈是最好的。

在选择替自己出面交涉的人选时，较好的办法是选择那些老实人，那些肯照你的委托去办事并且肯回来向你忠实报告结果的

密谈中的决策 阿尔玛·泰德马
历史上，罗马的决策者似乎并不喜欢以这种幽室密谈的方式决定国家事务。

人，而不要选那些善于利用他人的事务为自己牟利，并且在复命时说的天花乱坠以讨任用者的欢心的人。还应当任用那些乐意接受委托办事的人，因为心甘情愿会使他们勤勉从事；还要注意量才施用，比如可以派勇敢的人去与人争辩；派甜言蜜语的人去劝诱他人，派机警的人去探询某人；而派冒失荒唐的人去办那些不免违悖情理的事。那些以前曾受委派办事并且非常成功的人，也应当任用，因为以往的成功可以增加他的自信，并且他们也会努力保持他们先前的名誉。

洽谈时要想窥察对方的意向，与其开门见山地直入主题，不如迂回试探更好，除非你要用突然的提问使他措手不及，无法掩饰，那自然是例外。已经达到其目的的人不如欲望正强、有求于人的容易交涉。如果一个人已经和别人达成协议，那么谁先履行协议就成了问题的关键。而一个人是没有理由要求别人先尽义务的，除非事件本身的性质需要如此；或者这人可以使对方相信将来在别的事情上还有需要他的合作；或者能证明自己是诚实守信的人。交涉的全部策略无非就是观察对方并利用对方。要想看到人们真性情的流露，须在他们受人信任之际、兴奋激动之际、毫无防备之际、万不得已之际，就是他们急于做成某事而找不到适当的掩饰借口之时。假如你要对什么人施加影响，就必须要知道他的性情和习惯，以便引导他；或者了解他的意图，以便劝诱他；或者掌握他的弱点，以便恐吓他；或者结识对他有影响的人，以便控制他。在和狡黠的人交涉时，我们必须要明白他的目的，从而正确理解他们所说的话；面对这种人自己还是少说为佳，而且所说的话最好是他们意料不到的。在交涉遇到困难时，不要急于求成，妄图一边下种一边收割；而应当对所交涉的事进行充分准备，以待达成协议的时机渐渐成熟。

论随从与友人

　　不可喜欢代价过高的随从，只怕那会使人如同把裙裾拖得太长而削短了翅膀。所谓代价过高的随从不仅指那些消耗钱财的人，还有那些屡屡提出过分要求而永不知足的人也算在内。正常的一般随从所求于主人的，不应当超出主人的善意相待、善言相荐，以及安全庇护，以免受人欺凌。

　　做主人的更不可喜欢那些好拉帮结派、党同伐异的随从，因为他们前来投靠并不是出于对主人的敬慕，而是出于对于别人心怀不满，我们常见的大人物之间的误会多半由此而来。同样地，那些到处张扬主人名声的随从往往也会招惹麻烦；他们只知吹嘘而不知保密，会损害主人的事业和美名，反而替主人招来忌妒。还有一种也是很险恶的随从，他们实际上是密探，常常探询主人的家事并报告给别人。然而这种人往往很受宠幸，因为他们多半很会献殷勤，而且经常会用主人家的秘密来交换别人的秘密，再告诉主人。

　　一位大人物如果有与其职业身份相符的随从（例如，一位参加过战斗的人有许多军人做随从，诸如此类），这向来被认为是理所应当的，即使在君主制国家也无可厚非，只要那个主人不要过于声势煊赫，或过于受到普通民众的爱戴就是了。但是最高尚的随从，就是因为主人被公认为能使各种人的美德都得以发挥，所以才追随他的人。然而，遇到才德并不非常出众的随从时，任用比较平凡的人比任用稍有才干的人要好一些。而且毋庸讳言，在政治不清明的时代，有才干的人比有德行人更为有用。在日常政务上，用人应选择资质一般的，因为如果破格任用某人，那被任用的人不免会气焰嚣张，而其余的人也则会心存怨愤；因为他们有权以相同的资格要求相同的待遇。相反地，在豢养宠臣时，则可以从不同的职位上选择用人，因为这样可使被用之人感恩更深，而使其余的人更为殷勤，因为升迁的希望全在赢得主人的欢心。

对任何人都不要一开始就过于重视，这样做会比较稳妥，因为如果一上来就对某人非常信任重用，那以后对他的待遇将难以为继。只受一个人的"支配"是不安全的；因为这样只会表现出主人的软弱，而使主人的丑闻恶名肆意流行；因为那些不能在主人面前谏诤或进言的人，会更加乐于在主人背后批评那些得宠的人，这样一来主人的名誉也会受到损失。然而，对许多人言听计从会更加糟糕，因为这样会使主人听从最后一个进言者的建议，而自己毫无主见，经常变更。采纳少数朋友的忠告永远是受称誉的，因为旁观者常比当局者看得清楚，而深谷更可以显出高山。古人经常颂扬的那种真正的友谊，在世间是很少见的，尤其在地位平等的人之间更少。世间所有的友谊都存在于上位者与下属之间，因为这二者是荣辱与共、休戚相关的。

论请托

　　许多不正当的事件及谋划都有人愿意经手，可见私下请托的确有损于公益。许多正当的请求由包藏祸心的人接手传承，我所说的不只是败坏堕落的人，也包括狡猾奸诈的人在内。有些人答应了替人办理某项请托之事，心里却并没有真想去替人办事；但是他们一旦看到这件事情在别人的努力下有希望办成的时候，就极想得到请托者的感谢，要使那人相信自己真替他办过事，或者得到一部分报酬，或者至少在事还没成时让请托者对他抱有希望。有些人接受人家的请托，只是为了借此阻挠另一个人，或者借此为由扬某人之恶，而在达到自己的目的之后，原来人家所请托之事的成败他们是毫不关心的；或者，就一般言之，这些人之所以答应替别人办某项请托之事，不过是想利用别人的事为自己搭建一座过渡的桥梁而已。甚至还有些人答应替人办事，而一心要使这事办不成，为的是取悦请托者的敌人或竞争者。

　　毫无疑问，在每种请托之中总不免有是有非的；如果是为争讼打官司的请托，其中必有是非曲直之别；如果是为了升迁的请托，其中必有才与无才之分。假如一个人因为受到感情的驱使而在官司中偏向无理的一方，那他最好利用他的影响为双方化解纠纷，而不要把事做绝。假如一个人因为受了感情的驱使而在提升人才时偏向比较没有才德的一方，那他最好不要为了提拔无才的一方，而诋毁较有才干而值得升迁的另一方。

如果对别人所托之事不太在行，那最好去请教某位忠实而有见识的朋友，他可以告诉你究竟这件事做得还是做不得；但是对这种顾问一定要审慎选择，否则很可能会受骗。有所请托的人最恨受托人敷衍欺骗，因此，要么一开始就明白告诉人家说你不愿办这件事，要么答应替人办事，在事情进行中随时告诉他事情，而不加粉饰或夸张，并且在事成之后除应得的报酬以外不再需索；这样的举动不只正当，而且值得感激了。

在某人托情谋求某项特许的时候，原本请托者谁先谁后是没有什么关系的，但考虑到这人对我们的信任，却不可不加以留意。如果这人告诉我们一个消息，而这个消息除了他我们是无从得到的，那我们就不可白白利用人家的消息，而应当给他某种报酬，并且让他设法走别的门路去达到目的。

培根也曾请托亲友向女王伊丽莎白一世求官，但始终未获重用。

不知道他人所求之事的价值，这样的人是头脑简单的，就像不知谁该得到那所求之物的人属于缺乏良知一样。在完成别人的请托时，行事机密是成功的一个好方法；因为自行声张说某项请托进行得如何顺利，这样虽能挫败其他请托者的锐气，但是也会刺激并引出另外的请托者。使所请托之事适得其时才是主要的。所谓得时，也就是所取的时间不但要合乎你所预想将要批准你的请托的人，而且要能使你自己免去他人从中破坏的危险。在选择替自己办请托之事的人时，最好选用那最适宜于所请事项的人，而不要倚仗那个力量最大的人；选用那专办某种具体事务的人，而不要用那些统揽全局的人。如果一个人在初次请托被拒绝后，能够既不沮丧也不愤懑，那他下次再有所请托的时候，他所得的补偿将与初次所请的一样的好。"所请逾量，为的是所获可以适量"这条规则只适用于一个特别受宠的人，否则最好还是逐步增加自己的请求，因为假如一个人初次向我们提出请求，我们也许会拒绝他，但是假如他已经从我们这里得过好处，那以后我们就不大愿意拒绝他，恐怕失去这个人的好感与拥护，又使旧日对他的恩惠被他一笔勾销。通常以为向一位大人物求一封推荐信是最容易不过的请求，然而，假如写这封信的理由是不正当的，那就会有损于写信人的名誉。再没有比如今那些替人奔走、包揽请托的人更恶劣的了，他们只是一种妨害公务的毒药病菌而已。

论读书

读书为学，可以用来娱乐消遣、装饰文采和增长才识。娱乐消遣主要体现在幽居独处之时，装饰文采主要用在社交辞令方面；而增长才识上的作用则体现于对于事务的判断和处理。富于经验的人也许能够对个别的事情或细节——加以判断；但是若要纵观全局、统筹规划，则还是博学深思的人更能胜任。在读书上费时过多是偷懒；把读书过于用作装饰是矫情造作；而完全依书上的规则行事则是书呆子的怪癖。读书可补天资的不足，而书本知识又需要实践经验来修正补足。这是因为人的天赋有如野生的花草，需要通过读书来修剪；而书中所示若不受经验的限制界定，则未免过于笼统。狡猾机巧的人藐视读书，愚鲁无知的人羡慕读书，只有聪明睿智的人运用读书。因为书本自身并不能教人如何运用它们；这种运用之道不在书中，而在书外，是由观察体会才能得到的。不要为了驳倒作者而读书，不要盲从书中所言，也不要只为高谈阔论而寻章摘句；而应该权衡轻重、审察事理。

有些书可以浅尝辄止，有些书可以大口吞下，还有少数的书则应当细嚼慢咽；这就是说，有些书只要读一部分就够了，有些书可以通读，但是不必读得过于细致；还有少数几部书需要通篇细读，用心揣摩。有些书也可以请人代读，并且请别人代为摘其精要；但是这种办法只适于那些不太重要的论文和书籍；否则经过提炼的书就和蒸馏过的水一样索然无味。读书使人头脑充实，讨论使人思维敏捷，写作与笔记使人精确严谨。因此，如果一个人很少做笔记，那么他就必须有很好的记性；如果他很少与人讨论学问，那么他就必须天资聪敏；而如果他读书读得很少，那么他就必须要具备狡黠变诈的才能，才可以强不知以为知。史鉴使人明智；诗歌使人巧慧；数学使人精确；物理学使人深沉；伦理学使人庄重；逻辑与修辞使人善辩。正所谓"凡有所学，皆成性格"。不仅如此，人们心智上的缺陷没有一种是不能通过适当的读书来补救的，这就如同肉体上各种的病患都有适宜的运动来调养治疗一样；踢球有益于结石和肾脏；射箭有益于胸肺；散步有益于胃肠；骑马有益于头脑；诸如此类。同样地，如果一个人心志不专，他最好去研究数学；因为在数学的推理证明之中，如果他的精神稍有不专，就非从头再做不可。如果他不善于辨别异同，

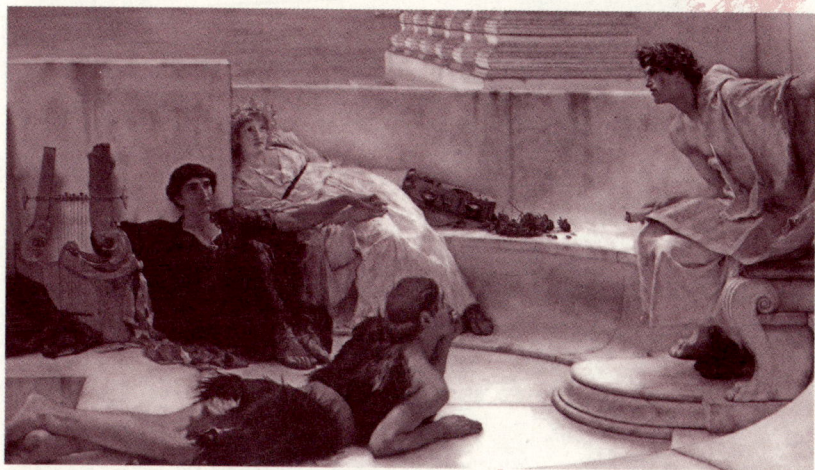

读《荷马》　阿尔玛·泰德马画。

那么他最好去研究经院学派的著作，因为这一派的学者最爱条分缕析、吹毛求疵；而如果他不善于推此知彼、旁征博引，那么他最好去研究律师们的案卷。如此看来，精神上各种的缺陷都可以有一种专门的补救之方。

论礼节与仪容

　　一个人若要完全靠自身的真正价值立身处世，必须有非凡的才德才行；就好像不用衬箔镶嵌的宝石，必须非常珍贵才行。但是只要仔细观察就会发现，世人在博得别人的赞扬称许时，也和生财取利的情况类似；因为有句成语是千真万确的，即"小利可以生大财"，因为小利来得频繁，而大利则像一年中的节日一样偶尔一见。由此可见，小小的优点常可赢得大大的赞许，因为这些小优点经常显示而且为人所注意，而任何大的才德得以显露的机会都很少。因此，一个人讲究礼仪小节，对他的名声是大有裨益的，并且，正如女王伊莎贝拉所说，那就"像是一封永久的荐书"。而想要得到优雅良好的礼节仪容，只要不小看仪容这件事就行了；因为他只要不小看仪容，自然会留心观察别人的优雅举止，此外还有一点就是要相信自己。因为假如一个人过于做作地想要表现优雅的仪容，那他就会失去应有的风度，这种风度的展现关键就在自然大方，而非矫揉造作。有些人的举动就像一行诗句，其中每个音节都经过推敲；这样一个在小节上过分用心的人又怎么能办理大事呢？

　　全然不讲求礼节，就等于是教别人也不要讲求礼仪，结果会使

作为一种社交礼仪，女性之间可互行屈膝礼。当男子向女子行吻手礼时，女子可回以屈膝礼。

别人对自己的尊敬减少。尤其在与陌生人交往或办理正事的时候，更不可不讲礼节；但是过分强调礼节，把礼节推崇到比月亮还高的地位，那不但烦冗可厌，而且会减少人家对言者的信任了。当然，礼仪的运用有一种表达切实动人的方法，假如一个人能够获得这种方法，那是特别有用的。

一个人在同辈和地位相同的人中一定可以感到亲密无间，因此要矜持一点才好；而他在下属之间一定能够得到尊敬，因此倒不妨亲密随和一些。任何事情都有他一份，以致惹人生厌的人是自轻自贱的。努力替人办事是好的，但应该显出我们这样做的动机是出自对某人的尊重，而并非因为办成此事不费吹灰之力。通常在对别人的意见表示赞同时，要附加一点自己的意见：比如，你赞成他的主张，可是稍有分别；你愿意附议他的动议，可是要带点条件；你认可他的议论，可是还要加上点其他理由。人们需要注意，恭维别人时不可过分，否则无论你在其他方面多么能干，嫉妒你的人一定会给你冠上善阿谀奉承的恶名，从而贬低你的优点和美名。在处理事务时过于多礼或过于注重日常小节也是有害的。所罗门有言："看风的人将不能下种，看云的人将不能收获。"智者更多的是创造机会。人们的举止应当像他们的衣服，不可太紧或过于讲究，而应宽舒一点，以便工作和运动轻松自如。

论称誉

　　称誉是才德的反映，但它就像镜子或其他能够映出影像的东西一样，如果称誉来自庸俗凡人，那它多半是虚假而无价值的，而且往往只追随虚荣的妄人，而不与有德之士相伴。因为俗人是不认得许多出类拔萃的美德的。最低级的才德能赢得他们的称誉；中等的才德能在他们心里引起惊讶或艳羡；但是最上等的才德，他们就没有识别的能力了。唯有流于表面的作为和虚假的德行才是最受他们欢迎的。名誉的确就像一条河流，能漂起中空浮虚之物，却会使沉重坚实之物沉底。但是假如有地位和有见识的人同时称誉某个人，那就有如《圣经》所说的"美名有如香膏"了。这种美名会远播四方而且不易消逝，因为香膏的香气比花卉的芬芳更能持久不散。

　　可以用来恭维人的虚假原因太多了，所以有人怀疑别人对他的称誉是有理由的。有一种称誉纯粹是出自阿谀奉承；要是说话的人是一个普通的谄谀者，那么他就会有几种通用的套话，对谁都可以用；要是他是一个心机奸猾的谄谀者，那他就会模仿"谄谀者之王"——也就是他自己；一个人自以为最擅长某事，或最富于某种美德，那奸猾的谄谀者就会在这些地方极力吹捧他；但是假如他是一个大胆的谄谀者，他就会找出一个人自己最大的缺陷，自己深以为耻的地方，然后硬把缺陷说成长处，叫那被奉承的人也不得不"藐视他的自觉"。

有些称誉是出自善意与尊敬的，这种称誉是我们对于君王或大人物们应有的礼仪之一，可谓"以称誉为教训"；也就是，赞扬某些人是如何如何的时候，实际就是告诉他们应当如何如何。有些称誉其实就等于恶意中伤，为的是引起别人对他们的嫉妒；"最可怕的仇敌就是那些当面恭维你的仇敌"。所以希腊人有句谚语："被人恶意恭维的人鼻子上要长小疮"，就好像我们所说的"说谎的人舌头上要长水泡"一样。

恰如其分的称誉只要使用适度，而且不流于庸俗，的确是对人有益的。所罗门说："清晨起来大声称赞朋友的人，就等于是诅咒那个朋友。"把人或事过于夸大，必然会招人反感，而且会招致嫉妒与轻蔑。至于一个人的自夸自赞，除了在极少数情况下，一般都不会合宜得体的；但如果是自己称扬自己的官位或职业，则可以颇有风度并且略带豪情地做到这一点。罗马的主教们都是些神学家、宗派僧、经学家，他们对于文官事务有一句藐视轻蔑的话，他们把一切战争、外交、司法，及其他的世事都叫作"斯比来累"（sbirrerie），意思就是"副州吏的事"，好像所有这些事情都是副州吏和管家之流办的事一样，虽然这类人做的好事常常比主教们高深的研讨更为有益。圣保罗在自夸的时候，常常加上一句"恕我妄言"；但是在说到他的职务时，他则会说，"我要赞美我的使命"。

论虚荣

　　"苍蝇坐在战车的轮轴上吹嘘道：我扬起了多少尘土啊！"伊索的这个寓言说得实在巧妙。世上的确有些狂妄的人，无论对待任何事情，也不管是事情本身的进展，还是由于能力更强的人的推动，只要跟他们沾上一点儿关系，他们就以为这些事情是完全靠他们的力量办成的。好虚荣的人一定也好搞派系之争，因为一切的自我夸耀都必须借助相互比较。这种人也必然言过其实，因为只有这样才能支持自己的种种夸耀，而且肯定不能严守秘密，所以这种人实际上是没有什么用处的；就像法国谚语所说的一样，他们"声音很大，结果很小"。

　　然而不可否认，在国家事务中这种品性也有一定的用处。如果人们需要为一种大的德行制造舆论的时候，这些好吹嘘的人就是很好的吹鼓手。再者，正如李维对于安条克三世和埃托里亚人的结盟曾评论到："对双方都说谎话有时确有奇效。"假如一个人在两位君王之间交涉，想引他们联合起来对第三者发动战争，他就会对双方都言过其实地吹嘘对方的兵力；又如，在两个人之间私下交涉的人，对双方都吹嘘自己对于对方的影响力，结果就是提高了自己的声望。所以，在上述以及类似的事件中，夸大其词的吹嘘常常能产生无之生有的效果，因为谎言足以引起信念，而信念可以见诸行动。

　　对于将帅和军人来说，虚荣心是一种不可或缺的品质；因为就像两块铁可以通过相互磨砺而变得锋利一样，将士们的虚荣心也可以相互激励产生勇气。在冒着家业和生命双重危险的伟大事业中，如果有天性虚荣的人加入，可以使事业更有活力；而那些天性老成持重的人则只能做压舱物，而能做风帆。对于学者的名望来说，如果没有一些吹嘘夸耀的羽毛，那要想一朝名扬天下是很难的。"写《蔑视虚荣》

小普林尼（Pliny the Younger，约61—113），罗马帝国元老和作家，以书信闻名。

这样的书的人也不会反对自己的名字出现在扉页上。”

苏格拉底、亚里士多德和盖伦都是喜欢自我夸耀的人。虚荣心确实可以帮助人名垂青史，所以与以德行本身为目的相比，以德行为猎名手段更容易获得荣誉。西塞罗、塞内加、小普利尼的名声若不是与这些人的某种虚荣心连在一起的话，也不会经久如新；这种虚荣心就如同天花板上的一层油漆一样，它不但使天花板发亮，而且使其能够持久。但是说了这么久，我用“虚荣”这个字眼儿的时候，却并不是指塔西佗说穆奇阿努斯的那种本领，所谓“他有一种能够漂亮地炫耀自己一切言行的本领”：因为这种本领并非出自虚荣心，而是出自天生的豪气和见识，并且它对某些人来说不但漂亮，而且是优美高尚的。因为宽谅、退让与节制得宜的自谦，都不过是另一种自我炫耀的手段而已。在这些炫耀之术中，没有比小普利尼所说的那一种更好的了，那就是在你自己所长的方面，如果别人也有一点长处，就该毫不吝惜地多多地赞扬他。因为普利尼说得很巧妙：“在称扬别人的时候，你其实是在替自己做好事；因为你所称扬的人在那一方面若不是比你还强就是不如你。如果他不如你，那么他既然值得称扬，你自然更加值得称扬了；如果他胜过你，那假如他不值得称扬的话，你就更不值得称扬了。”好炫耀的人被明智之士所轻视，被愚蠢之人所艳羡，被谄佞之徒所奉承，同时他们也是自己的虚言谎话的奴隶。

论怒气

想要完完全全地消除怒气，不过是斯多噶学派的一种夸张之辞。我们其实已经有了更切合实际的指示："生气就生气，却不要犯罪。不可含怒到日落。"对于怒气，必须在程度和时间两方面都加以限制。我们现在先说说易怒的天性和习惯如何才能调剂缓和。其后，再讲讲发怒时的特殊行为应如何抑制，或者至少使它免于造成危害。第三，再说怎样使别人发怒或息怒。

关于第一点，没有别的法子，只有好好地沉思细想发怒的后果，想想它是如何扰乱人的生活的。而且最好是在怒气平息后，反思发怒时的情形。塞内加说得好："怒气有如下坠之物，在自身降落的地方摔个粉碎。"《圣经》教我们"要以耐性保持我们的灵魂"。无论何人，若是失去耐心，就会失去理智。而人们决不可学蜜蜂那样，"把自己的生命留在所螫的伤口之中"。

易怒的确是一种低劣的品格；因为它往往在它所管辖支配的人的弱点中出现；这些人包括儿童、妇女、老年人和病人。因此，人们务须注意，如果一定要生气的时候，须要使怒气与轻蔑同时出现，而不可使它与恐惧并存，不然就会显得你所受到了比实际上要重的伤害；这一点很容易办到，只要一个人肯在发怒一事上给自己定下一个规则就行了。

关于第二点，发怒的主要原因与动机有三种：第一，就是对伤害过于敏感。因此，感情脆弱的人一定常常生气，有太多事情可以使他们受到刺激了，而这些事情往往性格坚强一点的人是几乎感觉不到的。其次，一个人如果在受到伤害时，如果感到备受轻蔑侮辱，也很容易怒火中烧，因为轻蔑之心会使怒气加剧，甚至比伤害本身还要严重。因此人们若是对轻蔑侮辱过于敏感，也是很容易生气的。最后，如果一个人认为他的名誉受损时，也会加重怒气。在这个情况下，最好的调剂之道就是像贡萨洛常说的，一个人应当有一种"绳索较粗的荣誉之网"。但是在所有的制怒方法中，最好的就是延迟发怒的时间，并且使自己相信报复的时机未到，同时又可预见到时机的到来；这样他就可以在等待时机到来的时候平静下来，不致当场发作了。

若要使一个人当场发怒而不会招致祸患，有两点不可不特别注意。一是避免极端激愤的言辞，尤其是尖刻而涉及个人的恶语，因为愤世嫉俗的预言是无关紧要的；此外在发怒时也不可泄露秘密，因为这样就会使所有人都回避与你交往。其次，不可因为一时的愤怒而首先抛开自己的职责正事，总之无论如何表现愤怒，都不要做出任何无法挽回的事来。

至于使别人发怒或息怒，关键就在于选择好时机；要在对方最急迫或心情最糟的时候激恼他们。还有一种办法，如上所述，用尽一切手段表示对对方的轻蔑。而息怒的方法则与此相反。其一，与人初次提及某种可能会令其恼火的事情时，要选择好时机，因为初次的印象是非常重要的；其二，就是要让一个人感到的伤害之中尽量没有轻蔑的成分，而把这种伤害归于误会、恐惧、激动或其他任何理由都是可以的。

书目